그리움엔 지느러미가 없다

그리움엔 지느러미가 없다

2025년 10월 20일 초판 1쇄 인쇄 발행

지은이	류일화
펴낸이	박종래
펴낸곳	도서출판 명성서림

등록번호	301-2014-013
주소	04625 서울시 중구 필동로 6 (2, 3층)
대표전화	02)2277-2800
팩스	02)2277-8945
이메일	msprint8944@naver.com

값 12,000원
ISBN 979-11-7439-048-6

본 책의 구성 및 맞춤법, 띄어쓰기는 작가의 의도에 따랐습니다.
이 책의 저작권은 저자와 도서출판 명성서림에 있습니다. 무단 전재 및 복제를 금합니다.
이 책 내용의 일부 또는 전부를 재사용하려면 반드시 저자와 도서출판 명성서림의 동의를 얻어야 합니다.
파본은 구입처에서 바꾸어 드립니다.

그리움엔 잔느러미가 없다

류일화 제4시집

도서출판 **명성서림**

시인의 말

푸른 아침
눈부신 윤슬
보석 같은 멜로디
남한강은 詩의 첫 줄을 띄운다
내게 온 계절마다 색색의 목소리로
그들의 반짝이는 이름을 황홀히 적어준다
숨소리로 가득 찬 하늘과 땅
모든 자연과 소통하는 진줏빛 언어를 디자인하다

강물 위에
저녁잎 올라앉으면
하늘과 강이 맞닿은 사랑
향기로운 노을빛은 꽃처럼 활짝 피어난다
그리움은 오색으로 연한 입맞춤을 하고
높은 세상의 아름다운 이야기는
낮은 강물로 번져 길게 흘러간다

'진줏빛 언어' 디자인실에서
25년 9월 류일화

나의 삶, 나의 문학

한 송이 꽃잎이었다

한국문인협회 의정부지부 운문분과 류일화

1. 나의 삶은 꽃으로 은유되고, 꽃으로 상징된 한 송이 꽃

나는 자연과 잘 소통하고 자연을 잘 즐길 줄 아는 능력을 갖고 있다

뒤꼍 울타리에 노란 개나리꽃이 필 때쯤, 앞산 진달래가 분홍빛을 가져올 때쯤, 경기도 양평에서 봄꽃 피는 날 태어났다. 아버지는 오빠 둘에 여자아이가 처음이어서 반가웠는지, 아니면 꽃을 좋아해서인지 류일화一花로 지어 주셨다.

이름처럼 살아간다는 말이 있다. '일화, 일화' 수없이 듣고 자란 이름 때문이었을까? 꽃이라는 말을 들을 때는 가슴이 설렜다.

온갖 들꽃이 피어나는 봄이면 동네 친구들과 야산에 모여서 한 아름 꽃을 따고, 먹으며, 웃으며, 꽃 모꼬지로 마냥 들뜨고 행복했었다.

초등학교를 졸업할 때 교장 선생님이 6학년 여학생들에게 '꽃 이름'을 선물로 주셨다.

나는 보랏빛 청초한 꽃 〈아이리스〉였다.

친구들은 본명 대신 꽃 이름을 서로 불러 주며 향기 나는 낭만을 우정이라 생각했다. 그 친구들이 와락 보고 싶어지는 것은 꽃 같은 이유일 것이다.

오십이 넘은 어느 날 내가 꽃차 소믈리에가 된 연유도 꽃 이름과 연이 닿아 있어 자연스러운 일이라 생각한다.

나의 삶은 온통 꽃으로 은유되고 꽃으로 상징된다.

이처럼 환희도 후회도 아픔도 송이송이 꽃으로 피워 낸 삶의 사계절, 그 바람결에 흔들리는 한 송이 꽃잎이었다.

꽃잎은 늘 나를, 생각해 준다
기쁠 때나 행복할 때나 힘들 때나
곁에서 色을 입혀 준다
꽃잎은 늘 나를, 사모한다
꽃빛과 눈빛이 마주치는 순간
전신에 수혈된 색깔대로 피어나는 한 송이 꽃
투정이라도 부리는 날엔
살빛 안으로 들어왔다가 살그래 나간다.
애인 같다고 할까?
저기 저 꽃잎의 붉은 입술을
초록 가슴으로 깊게 안아 본다

아~! 꽃잎과 연결된 심장 소리가 화사하다
세 번째 시집에 있는 詩 한 편을 여기에 가져와 본다.

사람들의

미소가 보고 싶은 날

꽃들은

오색의 눈을 뜬다

류일화 제3 시집 [한 송이 꽃잎이었다] - 〈개화〉 전문

2. 유년 시절의 오감 놀이

갑자기 겨드랑이가 나를 간지럽게 한다. 개구리는 '개굴개굴', 까치는 '깍깍', 나는 '일화일화'라고 울어야 한다.
이렇게 울었던 유년 시절이 떠오른다.
맨발이었다. 검정 고무신을 하늘거리는 꽃다지 옆에 노랗게 벗어 놓고, 봄 바닥을 걸어 보았던 그날의 기억은 화석이 되어 가슴에 여러 질감으로 찍혔다.
암소 등 위에 멍에를 얹고 쟁기로 갈아 놓은 촉촉한 고랑과 이랑을 맨발로 걷는 느낌, 땅에서 꿈틀거리는 새 봄을 냉이꽃과 만나는 순간이었다.
아니 진흙 속에서 촉촉한 童詩 한 편을 이리저리 밟아 보는 경험이었다. 미끈거리는 발바닥 간질간질 넘어질 것

같기도 하고 버들가지가 춤을 추듯 양팔을 벌려 균형을 맞추며 논바닥에 발가락 판화를 찍는다.
  개구리알 여러 개가 뭉쳐서 덩어리를 이루고 있는 웅덩이 속으로 손을 넣어 건드려 보았다. 꼬물꼬물 움직이는 봄빛이 손끝을 타고 아늑하고 고요한 자궁 속까지 따라 들어온다.

    하얀 냉이꽃
    쟁기 사이로 뒤집어지면
    물젖은 논흙
    아버지 종아리에 '다다닥' 뛰어올라 붙는다
    누런 황소는
    풀잎 냄새에 촉촉해진 코를 벌렁거리고
    먼 산의 비둘기는 '구구구'
    봄빛 우려낸 논 웅덩이 개구리는 만삭의 몸을 풀어 낸다
    까만 씨앗으로
    이야기처럼 차곡차곡 갈아엎어 놓은 두럭마다
    바람 걸친 봄 햇살에
    땅강아지만큼씩 말라가는 쟁기의 휴식
    마른 색으로 바삭거린다
    해마다 새봄이 돌아오면
    기억의 실 줄을 풀어
    뿔뿔이 흩어지는 유년 시절을 묶어 본다

    류일화 제2시집 [바다를 끌고 간다] - 〈유년의 기억〉 부분

몸으로 기억된 五感은 영혼과 감성을 말랑거리게 하는 메시지로 가득하다.

어린 시절 맨발로 밟았던 촉촉하고 만질만질했던 논바닥 흙이 잠자던 감성을 흔들어 주었다. 곧 바람이 불고, 물이 오르고 새싹이 돋고 봄꽃들이 피기 시작했다.

엄마 따라 산 아래 마늘밭에서 듣던 산비둘기 울음소리는 아버지의 음성을 재생하는 음표가 되었고, 연둣빛 풀잎은 그리움을 돋게 하여 봄이 되면 자꾸만 첫사랑을 초록으로 덧칠한다.

3. 부르는 입 모양이 가장 아름다운 꽃 '엄마'

태어나서 제일 먼저 배운 최초의 단어가 엄마다. 부르는 입 모양이 꽃이다. 활짝 편. 우주가 담기는 소리 엄마! 엄마! 엄마!

엄마도 나에게는 커다란 우주였다. 초등학교 2학년 동시를 써서 담임 선생님께 칭찬받았고, 집으로 돌아와 엄마에게 자랑스럽게 보여 드렸다. "일화는 시인이 되겠어"라는 한마디가 詩人의 씨앗이 되고 싹이 되었는지 모른다.

부르는
입 모양이
가장 아름다운 꽃
엄마

류일화 제2시집 [바다를 끌고 간다] - 〈엄마〉 전문
2019 지하철 승강장 안전문 게시용 시민 창작시 공모전 당선작
(수락산역, 강남역, 여의나루역)

해마다 엄마의 텃밭에는 메밀꽃이 파도 꽃처럼 하얗게 부서지며 피었다.
나는 여학생이 되었고, 이효석의 〈메밀꽃 필 무렵〉을 읽을 때 둥근 달빛이 슬그머니 창가로 들어와 앉았다.
엄마의 웃음소리에 메밀꽃 활짝 핀다. 바람이 지나간다. 나도 엄마처럼 메밀꽃을 좋아한다.

엄마 텃밭에 메밀꽃이 웃었다
밭 가에는
키 큰 옥수수와 콩 포기도 바람에 흔들렸다

달빛 가득한 여름밤
메밀꽃이 소금을 뿌린 듯 피었을까?
왼손잡이 장돌뱅이 허 생원
왼손에 채찍이 들려 있는 동이를
허 생원이 알고 있어서
참 다행이라 생각했다.

봉평의 흐뭇한 달빛이

양평의 흐뭇한 달빛이 되어
엄마의 메밀꽃을 비추고 있었다.

류일화 제1시집 [아이리스] - 〈메밀꽃 필 무렵〉 전문

4. 李箱, 김해경(1910~1937)의 흉내를 잘 내어봤소

어느덧 문학소녀가 된 여학생은 李箱의 시 〈오감도〉, 소설 〈날개〉, 수필 〈권태〉를 만나면서 초현실주의와 모더니즘에 빙의가 되었다.

어떤 의미인지 알 수는 없었지만 반복해서 읽으면 文理가 트이겠지, 라며 혼란스러운 마음을 다독였다. 도무지 이해할 수 없는 시의 형식, 띄어쓰기를 무시한 난해함, 숫자의 배열과 도형 그래서 李箱이 신기하고 이상했다.

그저 좋았다. 몽롱한 꿈을 꾸었고 혼잣말을 했다. "날자 날자 한 번만 더 날자꾸나" 수시로 겨드랑이가 가려워지기 시작했고, 만져보면 날개가 돋아나듯 까칠까칠하기도 하였다.

李箱의 수필 〈권태〉 중에서 "지구 표면적의 백분의 구십구가 이 공포의 초록이리라"라는 구절의 따라쟁이가 되었다.

李箱의 시를 모방했다. 왜 그랬을까? 왠지 〈권태〉 속으로 뛰어 들어가 李箱의 친구가 되어 줘야겠다는, 감수성

예민한 문학소녀다운 발상이었다. 아니 깊은 연민이었을 것이다.

〈날개〉부터 시작된 연민과 모호한 회색빛 무기력을 응원해 주고 싶었다. "박제가 되어 버린 천재를 아시오?"----

"네 알지요."라고 대답해 준다. 나는 오늘도

李箱이 키운 〈꽃나무〉를 옮겨와 내 원고지로 위에 또박또박 심었다.

봄비가 내리는 날
李箱의 〈꽃나무〉를
여기에 심었소

꽃이 피기 전에
거울을 보여 주었소
흉내를 잘 내어 봤소

류일화 제1시집 [아이리스] - 〈李箱의 꽃나무〉 전문

맑은 날보다는 흐린 날이 더 좋았고 어딘가 홀로 떨어져 있는 듯이, 흰색 물감보다는 회색 물감이 더 맘에 들었다.

난해하여 해법이 없는, 모난 돌이 되어서 정 맞은 돌

이 되고 싶었던 그 혼돈의 시절. 흰 블라우스와 짙은 플레어스커트 그 청춘을 소환하며, 10분 전에 내린 비릿한 커피 한 잔을 마신다.

>지구의
>초록이 되는 곳
>
>사람들도
>걸어가는 나무가 되다
>
>2% 여백 속에
>나부끼는 칠월의 꼬리를 만져 보다
>
>류일화 제3시집 [한 송이 꽃잎이었다] - 〈칠월〉 전문

  그 후 40여 년의 세월이 흘렀지만 〈권태〉는 가슴속에서 나와 함께 살고 있었다. 나도 흠칫 놀랐다.
  아마도 류일화 제3시집 [한 송이 꽃잎이었다, 2022년 11월 발행 - 월간순수문학]을 통해서 세상 밖으로 나오고 싶어서 그랬나 보다.

5. 나의 삶, 나의 문학 (나비가 詩人이며 詩다.)

　나의 마음과 영혼에 창문을 달아 준 것이 文學이었고 詩였다.

　그동안 나의 내면을, 나의 서정을 채색하는 詩는 내 삶의 수직적 시간을 그린 그림이었다.

　내가 쓴 한 줄의 시구가 누군가의 영혼을 흔들어 주는 봄바람이 되면 좋고, 이미 나는 우리 엄마의 영혼을 흔드는 꽃바람이 되었으니, 참으로 의미 있고 만족한다.

　시인은 시적 언어인 이미지를 통해서 독자와 영적 교감을 나눈다.

　詩語는 색채가 있는 언어여야 하고 리듬이 있고 멜로디가 있는 언어여야 한다.

　하늘이 내게 알려 준 거룩한 속삭임이다. 詩를 음악처럼, 詩를 미술처럼, 이미지로 가져와 듣고 보게 만드는 상상의 작업이다.

　사람과 사람 사이를, 꽃과 꽃 사이를 옮겨 다니며 꽃가루를 나르는 나비가 詩人이며 詩다.

　오늘도 맨발로 흙길을 걷는다. 아무런 덧댐 없이 지구와 연결된 모든 움직임, 그 날갯짓의 떨림을 경청하며 사분사분 꽃길에서 나비를 맞이할 것이다

차례

05 시인의 말
06 나의 삶, 나의 문학

1부 그리움엔 지느러미가 없다

22 강물
23 이별은 사랑의 그림자
24 하늘에서 봄이 쏟아진다
26 강물에 파란 대문이 있었다
28 양평 냄새 가득한 보슬비 맞고 싶다
29 그리움으로 피는 동백꽃
30 그리움엔 지느러미가 없다
32 사랑이 옷 벗는 소리
33 그쯤에서 알게 되었네
34 라이너 마리아 릴케
35 금빛 물결로 찰랑거리기 시작했다
36 사월과 오월
38 나의 노래 그리움
39 동同
40 달빛 같은 사랑을 하고 또 강물 같은 이별을 한다
41 대추나무 잎새에서 시간이 자라고 있다
42 달빛 강가에서
44 강가에 미루나무가 살고 있다
45 인생은 강물이더라
46 섬진강

2부 바람의 목소리를 보다

48 그리움의 언어로 쓰인 종이옷
49 하얀 바람꽃
50 떡갈나무
52 나무는 사랑이 되어 간다
53 자아自我
54 슬픔의 언덕
55 울컥
56 자작나무 아래서
58 미루나무
60 바보 웃음
61 사랑한다는 말에는 메아리가 살고
62 봄마중
63 달 뜨고 달 뜨지요
64 바다는 그리움을 밀물이라 부른다
66 비자나무
67 사랑은 그리워야 사랑이지
68 빛과 그림자
69 사랑이 아프다
70 바람의 목소리를 보다
72 초승달

3부　산수유길

76　꽃잎의 춤사위
77　도道
78　별을 마신다
80　하늘색
81　풍경 안에
82　동기감응 同氣感應
83　카페모카
84　산수유길
86　모래톱
87　초록과 바람 사이
88　보라색
89　사랑의 아리아
90　이끼꽃
92　천년 인연
93　외로움은 흐르지 않고 쌓인다
94　채송화
95　장미비가 내리네
96　하르르하르르
98　찰나
99　줄탁동시 啐啄同時

4부 진줏빛 언어를 디자인하다

102 기타 선율은 라일락 향기가 되어
103 흐린 날 저녁
104 꽃들이 말을 걸어 온다
106 나는 첼로
107 홍매화가 피려나
108 낙타와 여행
109 파도
110 꽃잎 물고 가는 바람 한 줄기
112 행복이라 읽는다
113 달빛은 네 눈물에서 떨어졌다
114 채화 3456
115 동해에서
116 예그리나
118 분홍 스웨터
120 사랑도 노을빛에 지려고 합니다
121 왈츠곡
122 진줏빛 언어를 디자인하다
124 안개꽃
125 사랑하외다
126 어둠

5부 천 개의 눈동자

- 128 가루비
- 129 칠월의 나뭇잎
- 130 계절 끝에서
- 132 음력 삼월 초하루
- 133 감꽃이 피어난다
- 134 오월의 장미여
- 135 곡선으로
- 136 그림 같은 봄
- 138 예쁘다
- 139 귀여운 봄날
- 140 그 남자
- 141 엄마의 툇마루
- 142 맨발로 걷다 보면
- 144 사월을 걸으면
- 145 그대 찾아오는 길
- 146 그리움의 문장
- 147 바람의 이름
- 148 천 개의 눈동자
- 150 달빛 실루엣

- 152 시 해설

1부

그리움엔 지느러미가 없다

강물

남한강은
푸른 침묵을 한다

한생을 걸어온 사람처럼
강물은 말없이 흘러가지만
수많은 것을 받아들였기에
그 침묵은 비어 있지 않다
내 오래된 기억을
곡선으로 건너가는 강물이다
젖으면서 지우고
젖으면서 흐르고
젖은 계절은 다시 피어났고
가까이 다가온 강물과 눈에서 멀어진 강물은
사랑이 되고 이별이 되어
강물에 젖어 더 푸르게 흘러간다

남한강은
양평으로 흐른다

이별은 사랑의 그림자

내 사랑을
끌어당기는
달콤한 입술도
따뜻한 손길도
그림처럼 벽에 걸어 둔다

텅 빈 사랑 속에
비 맞은 달빛이
가득 들어찼다

사랑의 그림자는
이별이었음을
아무 일 없는 것처럼
미끈거리는 이별을 맑게 헹궈 낸다
한 번 더 헹궈 낸다

하늘에서 봄이 쏟아진다

새싹에서 돋는 봄
돌 틈 사이 파르라니
초록빛 햇살을 풀어놓는다

물오른 사월의 눈빛
벚나무 숨결에 닿으면
하늘에서 봄이 쏟아진다

꽃잎의 날개가 된 바람
봄의 입술은 짧은 노래를 부르고
사랑의 서약은 꽃에서 꽃으로 번역한다

발그레한 솜털
수줍은 미소가 번질 때
겨울 외투를 푸는 사랑의 첫 단추가 되었다

강물에 파란 대문이 있었다

대문을 열고 닫으면 물결처럼 맴도는 기억
강물에 파란 대문이 있었다
사랑의 통로였다
그 문이 봄부터 시나브로 열리던 겨울날
나는 한 사람의 눈빛만 보았다
그 문턱을 처음 넘던 날 나는 웃고 강물은 울었나 보다
눈물인지 강물인지 모를 물이 발끝을 적시고 있었다
그 사람은 강물처럼 잔잔했고
때로는 밀려드는 물살 같았다
함께 웃던 짧은 날은
물비늘이 햇살을 머금은 봄날 같았고
등을 돌리던 날은 겨울처럼 차가운 검푸른 색이었다.
아침 같은 만남은 고요한 폭풍이었고
저녁 같은 이별은 가장 시끄러운 정적이었다
그때 바람은 강물을 건넜고 하늘은 강을 품었다
강물이 흔들리면 하늘은 강을 꼭꼭 더 끌어안았다
떠나는 바람 등 뒤에 매달려도
강물은 못 본 체 돌아보지 않았다
이제 나 혼자 강물로 들어가 파란 대문을 열고 닫는다
식어가는 사랑을 보내느라 매일 문을 반쯤 열어 놓는다

어느 날 새벽 강물은
묻지도 않고 다음 계절을 또 데려온다
만남과 이별은 기적과 운명이라고 한다
하지만 내게는 그 모든 순간이 강물이었다.
사랑도 강물 앞에서 시작되었고 강물 따라 흘러갔다

양평 냄새 가득한 보슬비 맞고 싶다

가 로 수 가 젖 는 다
그 날 부 터 비 오 면 어
은 행 나 무 가 되 다
비 를 맞 고 서 있 면
얼 만 큼 슬 퍼 지 을
빗 물 대 신 눈 물 요
흘 릴 수 있 을 까 는
가 슴 에 박 혀 있 도
그 리 움 을 꺼 내 진
화 석 으 로 남 겨 는
그 리 움 어 무 니 데
점 점 깊 도 질 텐 서
6 번 국 로 달 려 지
양 평 으 리 가 야 서
두 물 머 원 지 나 해
갈 산 공 마 도 착 며
남 한 강 새 주 보 한
양 평 냄 맞 가 득 다
보 슬 비 고 싶

그리움으로 피는 동백꽃

꽃송이 안에서
가늘게 겹쳐 흐르는 무늬
그립고 그리워서 빨갛게 비친다
첫 꽃망울 터지려는
그 통통한 찰나
왈칵
그리움을 쏟아 낸다
붉은 연모
온몸을 휘돌아
심장부터
빠알간 꽃잎이 피어난다
숨을 쉴 때마다
목에 걸린 그리움을
핏빛으로 토해 내는 아픈 꽃이다
송이송이 붉은 전설
동백꽃으로 피어나
동박새 부리에서 톡톡톡
한 송이 눈물로 떨어지는 꽃이다

그리움엔 지느러미가 없다

건너지 못해
물결 안에 머무르는
그리움엔 지느러미가 없다
오랜 시간 헤엄쳐 온 꼬리를 보지 못해
기억의 지느러미를 베어 먹으며
희미한 슬픔을 입에 물고 간다
눈물도 없이
소리도 없이
그림자처럼 울었다는 걸 아무도 모르게
저녁 강물 속으로 흘려보낸다
강가의 바람도 울고 있는 걸 아무도 보지 못했다

아침 투명한 날
한 마리 물고기가 되어
기억이 강물처럼 흘러들어 오면
그리움 섞인 강물을 아주 길게 헤엄쳐 간다
처음으로 그리움에 가슴지느러미가 생기고
꼬리지느러미가 새로 돋아나
그리움 일렁이는 은빛 심장 속으로 들어간다

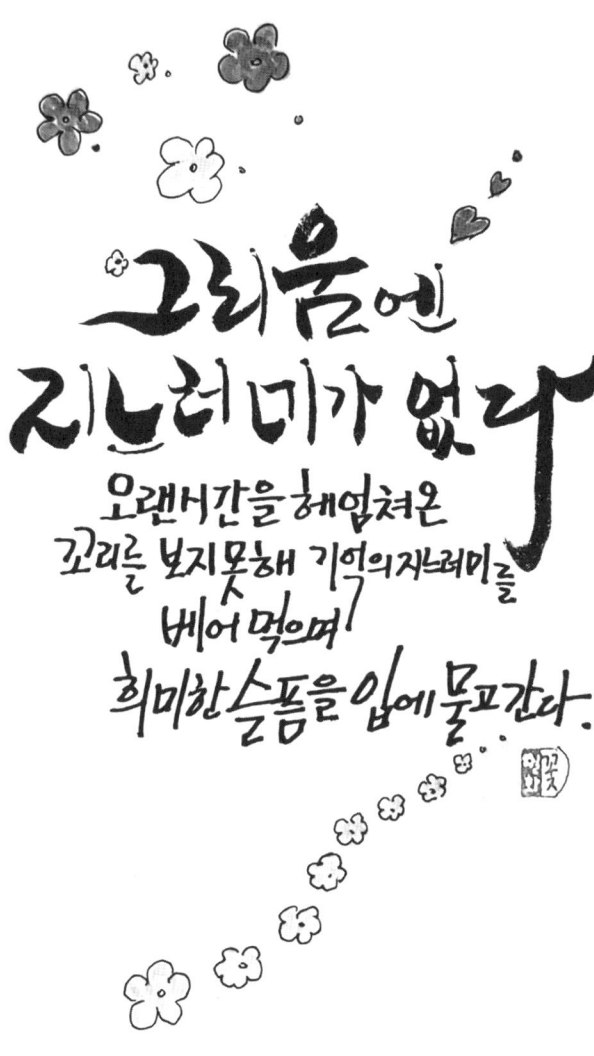

그리움엔 지느러미가 없다

오랜시간을 헤엄쳐온
꼬리를 보지못해 기억의 지느러미를
베어 먹으며
희미한 슬픔을 입에 물고간다.

사랑이 옷 벗는 소리

씨앗은 씨앗은 땅속에서 두근거리고
사랑은 사랑은 심장에서 두근거리지

당신 앞에서 당신 앞에서
사랑이 펌프질할 때
내 마음속 억만 톤 사랑
모두 다 퍼줄게

두근두근 두근두근
사랑이 옷 벗는 소리야
두근두근 두근두근
사랑이 옷 벗는 소리야

심장을 스쳐 간 당신
가슴속엔 사랑이 가득가득

씨앗은 씨앗은 땅속에서 두근거리고
사랑은 사랑은 심장에서 두근거리지

그쯤에서 알게 되었네

인생은
강물처럼 흐르고 흘렀지
즐거움도 잠깐
슬픔도 잠깐이었네
세상에
변하지 않는 것은 하나도 없지
청춘 같은 아침은
주름진 저녁이 되고
당신과 나
어느덧 수많은 세월을 걸었지
자꾸만 나를 닮아 가는 당신
참 좋은 당신
사랑 하나를 갖기 위해
당신을 만났고
그 사랑 속에서
물결친 순간들이 삶인 걸
노을빛 강가 붉어진
그쯤에서 알게 되었네

라이너 마리아 릴케

고독한 사람도
꽃이 될 수 있다네
거룩한 사랑을 위하여
마지막 시간을 기록한다네
그 사랑에 찔려 한 송이 장미가 될 수 있다네
손가락에 장미 향기 콕 찍어서
릴케의 시집을 넘겨 가면
장미숲에 도착한다네
장미의 입술로 사랑의 언어를 꺾으시니
화병에 향기로운 시어를 총총히 꽂아 줘야겠네
그가 쓴 묘비명에 장미가 피었다네

[장미여, 오 순수한 모순이여
그리도 많은 눈꺼풀 아래에서
누구의 잠도 아닌 잠이여] --라이너 마리아 릴케--

꽃잎처럼 가시처럼
장미가 오월을 걷는다
릴케를 찾아가나 보다

금빛 물결로 찰랑거리기 시작했다

저녁은 빠르게 어둠을
강물 속으로 담가 놓는다

갈산에서 내려온 가로등
불빛을 끌어안고 제일 먼저 강물로 들어간다

해 저문 양평의 오일장도
고단한 하루를 끌어안고 강물로 들어간다

은행나무에 앉아 있던 바람도
용문산을 끌어안고 강물로 들어간다

고운 사람들 비춰온 보름달도
달빛을 끌어안고 은은하게 강물로 들어간다

초저녁부터 남한강이
금빛 물결로 찰랑거리기 시작했다

사월과 오월

봉긋한 숨을 고르는 사월
연한 꽃빛을 감추며
삼월과 오월 사이에 앉아 있다
비밀을 가둔 장미처럼
내게 살며시 다가와
말 대신 꽃잎 몇 장을 흩날리고 간다
잎새 뒤에 숨겨진 가시
두근거리는 마음을 콕콕 찌른다

바람이 가져온 달콤한 오월
계절보다 빠르게 피고
더 늦게 지는 초록 꽃
바쁜 하루 끝에
조용히 앉아 꽃 그림자를 드리운다
미소보다 눈부신 한 송이
사월과 유월 사이에 눈빛 맞추며
초록 스친 꽃빛은 황홀한 사랑이 된다

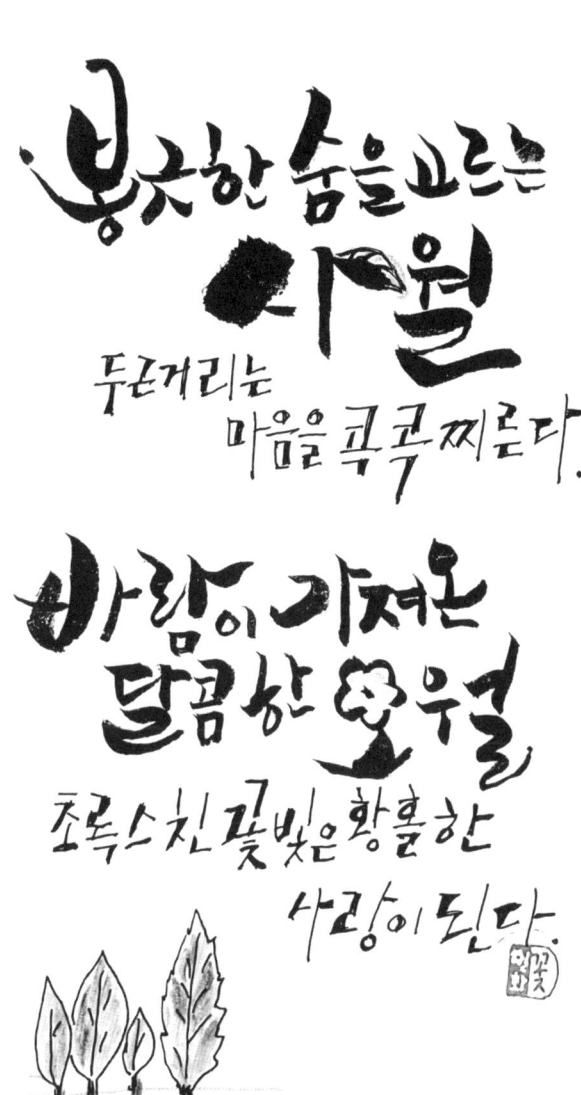

나의 노래 그리움

음표 한 줌 집어삼키고
그리움이 작곡한 악보
달세뇨 알라 피네
또다시 그리움을 반복 연주한다
목소리에서 윤기가 난다
미사리 강변로 강물 위로 나는
새들의 노랫소리에서 윤기가 흐른다
오선에 걸터앉은 음표를 등에 업고
높고 낮고 빠르고 느린 보폭으로
멜로디 따라 걸어가는 그리움의 가사
내 삶의 한쪽을 베어 무는 일이다
겹겹이 감은 시간의 실타래
오늘 밤 그리움으로 풀어낸다
영원히 부를
나의 노래여

동同

꽃을
바라보는
그대가
한 송이
꽃입니다

꽃을
바라보는
그대가
한 송이 꽃입니다

꽃을 바라보는
그대가
한 송이 꽃입니다

꽃을 바라보는
그대가 한 송이 꽃입니다

꽃을 바라보는 그대가 한 송이 꽃입니다

달빛 같은 사랑을 하고
또 강물 같은 이별을 한다

달빛은
날개를 접으며
강물 위로 앉는다

물 묻은 어둠은
젖은 곡선을 지나
검푸른 시간을 흘러 바다로 간다

젖어 물든 우리는
겹겹의 출렁이는 시간 속에서
달빛 같은 사랑을 하고 또 강물 같은 이별을 한다
벽이 없는
외로움을 허물며
달빛 물결이 시리다고 또 강물 같은 눈물을 흘려 보낸다

처음으로 돌아가
아직 뛰어내리지 않은 달빛처럼
젖지 않은 시간은 언제나 눈부시다

대추나무 잎새에서 시간이 자라고 있다

아침 햇살은
반짝이는 대추나무 잎새를 비추고
초록빛으로 되돌아온다

하늘빛 수유하던 잎새마다
바람을 맞히는 시간
비를 맞히는 시간
대추나무 잎새에서 시간이 자라고 있다

봄 잎새가 꽃처럼 피고
여름 잎새가 풀처럼 자라고
가을 잎새가 하늘처럼 높아지고
겨울 잎새가 하얀색으로 세상을 그린다
사계절 내내
대추나무 잎새에서 시간이 자라고 있다

저녁 햇살은
추억을 따먹던 대추나무 잎새를 비추고
노을빛으로 돌아간다

달빛 강가에서

강물에 젖어
물컹해진 달의 무게
기억과 망각의 문턱을 넘는다
아! 그 사람
아득한 목소리 수면 위로 오르면
보일 듯 보일 듯 들려오는
물결은 달빛 연주였다
바림으로 스며드는 달빛은 다채로운 물빛을 그린다
강물은 또 강물 속으로 흐르고
물고기들은 모두 잠들었나 보다
고요한 지느러미

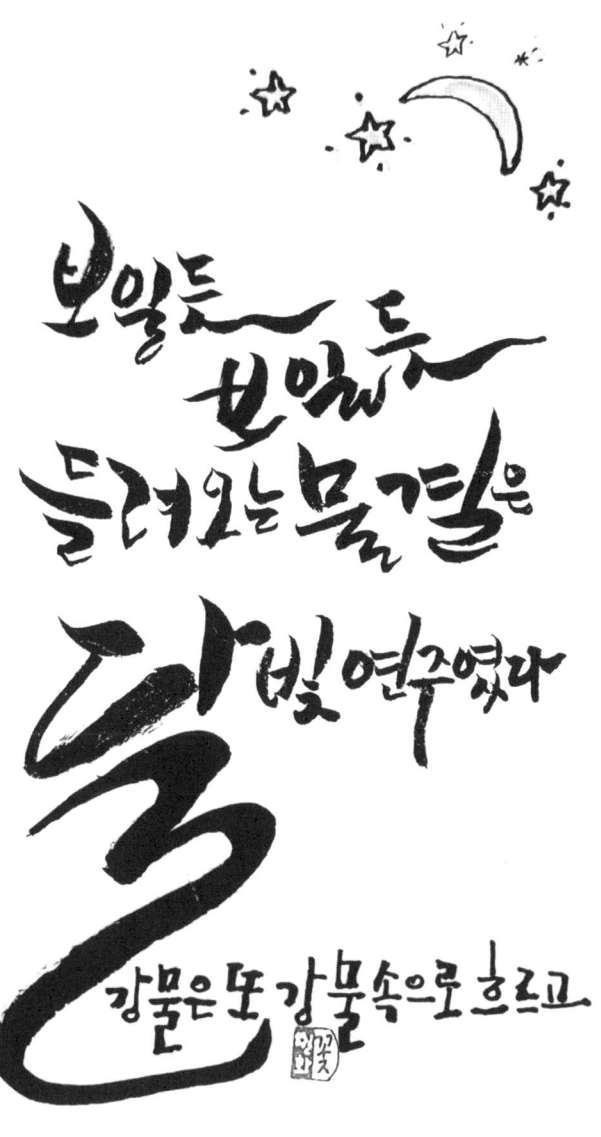

강가에 미루나무가 살고 있다

강물 먹고
강가에 미루나무가 살고 있다
오늘 밤 휘청거렸다
우듬지에 앉은 어린 초승달
아직은 날개가 없어 그냥 강물로 뛰어내린다

강물 먹고
미루나무에 초승달이 자라고 있다
달빛 달린 잎새마다 켜진 그리움의 등불
청춘의 물결은 수없이 흔들리는데
강물은 뒤를 돌아보지 않는다

물안개
곱게 피는 날
내 안에 긴 강물이 흐르고
앞산은 모두 내려와 몸을 담근다
세상의 모든 풍경은 강물 먹고 강물 되어 흐른다

인생은 강물이더라

해를 가슴에 안고 만나
달을 등에 지고 헤어지더라
슬픔이 수직으로 깊어질수록
눈물은 수평으로 흘러 강물이 되더라
잠깐 스친 인연도
평생 가슴에 물결로 남아
마음 한구석 길게 흐르고 있더라
어제도 오늘도 인생은 강물이더라

돌고 돌아 세상 풍경 다 보면서
사계절 건너 세월은 흘렀고
아름답던 서정은 서쪽으로 저물어
노을 한 자락에 물들어 가더라
강물이 바다로 나아가듯
인생도 어딘가로 향하고
머물 수 없다는 것이 서글퍼
아침이면 은결로 반짝이며 흘러가더라
강물이 강물을 부르는 소리
인생은 찰랑찰랑 강물의 노래였더라

섬진강

그 설렘 쌓여서
모래알이 되고
그 속에 묻어 둔 그리움은
눈물이 되어 섬진강으로 흐른다

긴 안부를 물어보면
푸른 살결로 밀려오는 물 내음
그 대답 말없이 푸르러
깊어진 사랑은 섬진강으로 흐른다

은빛 추억 한 줄기
천천히 풀어내면
저녁이 꼬리 흔들며 찾아와
긴 노을 반짝거리며 섬진강으로 흐른다

2부

바람의 목소리를 보다

그리움의 언어로 쓰인 종이옷

그리움을 향해 걷다 보면
눈물에 파인 발자국
뜨거운 언어는 입술에 닿자
촉촉한 사랑이 되어
가슴에 젖는다

흔들렸던 사랑
얼마나 많은 사연을
소리 없이 담고 있었을까
사랑의 빈틈으로
조금씩 흘려보낸 은유 없는 차가운 언어
침묵의 행간에서 이별의 문장은 입을 다물었다
한쪽 눈을 감고
사랑한다 말을 하는 얼굴에서
처리되지 않은 미완성의 조각들
어느덧
그리움의 언어로 쓰인 종이옷을 입고 있었다

천둥소리에 소나기가 스쳐 지난다

하얀 바람꽃

바람에 피어난
당신은 하얀 바람꽃

날 처음부터 좋아한대요
날 처음부터 사랑한대요

흔들리는 미소
첫눈에 당신인 걸 알아요

아네모네 바람에 피고
바람에 지는 짧은 사랑아

아네모네 송이송이 그리움 안고
속삭이는 바람 소리여

사랑만 기다리는
당신은 하얀 바람꽃

떡갈나무

새들은 떡갈나무 가지에 앉아
푸른 생각을 걸어 놓고 날아간다

사월 햇살 듬뿍 바른 이파리마다
반들반들 스무 살 동안童顔이다

하늘 향한 떡갈나무는
사랑의 이파리를 높게 달고 산다

구름 끌어안은 떡갈나무는
도토리 같은 사랑을 시작한다

봄부터 늦은 가을까지
둥글게 부딪히는 햇살 소리 반짝거린다

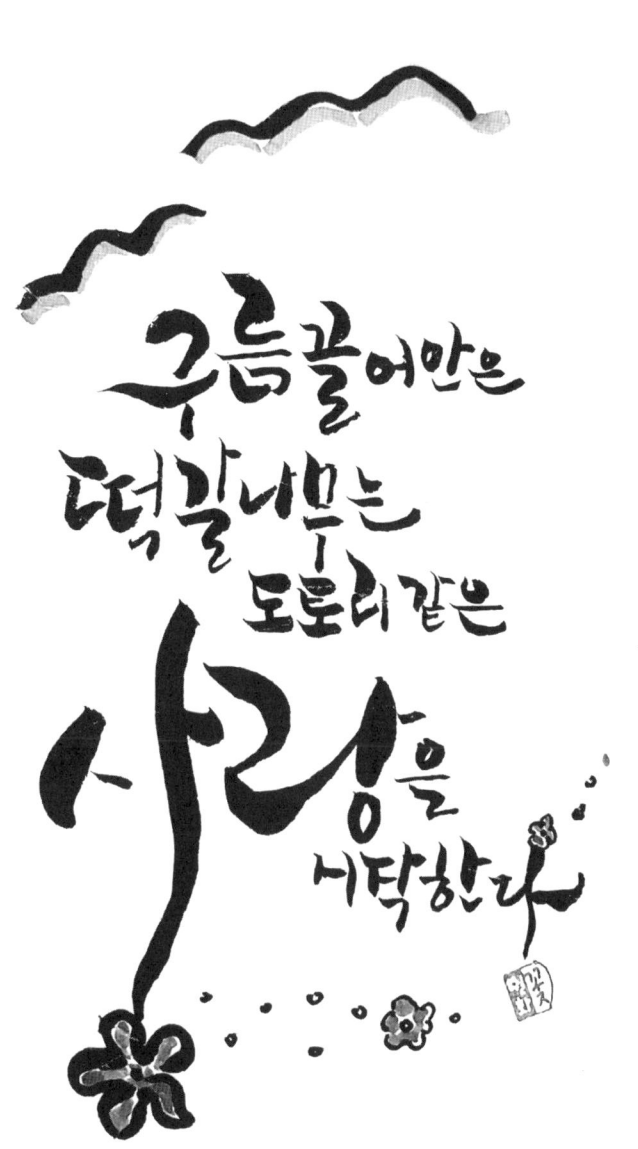

나무는 사랑이 되어 간다

심장에서 나무가 자라고 있다
뽀얀 목련빛 사랑
만져 보고 또 만져 보는 사랑

달빛 없는
외로운 밤이면
나무의 체온으로 형상 기억된다

새순이 돋아
두근두근 자라면
그리움 향한 나무는 사랑이 되어 간다

두 팔 벌린 긴 외로움을 버리고
햇살 따라
숲으로 들어간 나무는 사랑이 되어 간다

종달새의 휘파람 소리
음악 같은 삶의 가지마다
산새 소리 걸린 나무는 사랑이 되어 간다

자아自我

잃어버린
나를 찾아
멍에를 얹고
밭을 갈고 있는
황소의 긴 이랑

슬픔의 언덕

어느 순간
사랑이 흔들려
가슴이 아파 오는 날에는
바람 따라 걷다 보면 알게 된다
꽃피는
붉은 날이 있다면
꽃이 지는
푸른 날도 있으니
사랑에 겨울이 찾아와
펑펑 눈이 내리고
마음결 시릴 때는
남쪽으로 내리쬐는
햇살 안고 걷다 보면 알게 된다

슬픔의 언덕을 오르는 눈물들
젖어가도록 꽃수건을 걸어 둔다

울컥

목련에서 시작된
봄볕을 마중한다
하룻밤 사이에
앞산 중턱까지 숨 가쁘게 올라가
진달래 꽃망울을 품고 있었다

바람은 나뭇가지에 앉아
마지막 남은 겨울의 껍질을 벗긴다
짧은 봄날을 위해
바쁘게 준비하는 손길은
아침부터 저녁
한밤중 달빛으로 이어진다

어찌 감동하지 않으리
어찌 눈물 나지 않으리
파릇한 새잎을 보고
꽃잎을 보니 눈물이 나올까 봐
바람이 벗어 놓은 신발을 신고 봄을 걷는다

자작나무 아래서

흰 몸으로 흔들렸다
가을을 맴돌고 떠나는 바람의 잎새
늘 혼자였고 또 늘 함께였다
어느 계절에도 목소리를 잃지 않고
자작자작 서 있었다
가을이 발끝까지 내려오면
하얗게 잎을 떨군다
그건 아름다움이다
더 품을 수 없는 인연을
조용히 내려놓는 일
무성한 그리움을 하나씩 떼어 내는 일이다
보고 싶은 얼굴
잊지 못한 이름
슬픔까지도 가을빛으로 흔들린다
자작나무 아래서

미루나무

내 안에
미류美柳 나무가 살고 있다
햇살로 쏟아내는 이야기는 아침 강물처럼 반짝거린다

1974년을 흐르던 남한강
봄 따라 강가로 걸어갔던 *세월국민학교 소풍길
옛 친구들의 목소리가 은빛은빛 들려온다
걸음 속으로 뛰어 들어온 모래알
고무신을 벗어 털어 냈던
그 기억이 간지럽다

강가 낮은 언덕 건너편에서 아버지처럼 서 있던
키가 큰 미류美柳나무가 있었다
가족 같아서 참 좋았다

1988년 미류美柳나무는 강제 개명을 당한 것이다
원산지가 미국임을 밝힌
본명은 미류美柳나무였었다
서울 사람들이 단모음 발음을 명분으로
미류美柳나무를 미루나무로 표준어 족보에 올렸고

우리 가문 족보에서 표준어 족보로 옮겨 갔다
버들 류柳
내 이름 맨 앞 글자와 같아 자매라고 생각했는데
미류 美柳 나무는 미루나무가 되면서
더 이상 일가친척이 아니라고 믿었다

2025년 강물이 흐른다
해마다 봄이 되면
내 심장에서
반들반들 연둣빛 잎새가 돋고
푸릇푸릇 바람결에 손뼉을 치고 있다
아마도
정겨운 미류美柳나무가 깊은 뿌리를 내려 함께 살고 있나 보다
그러나 보다.......

*경기도 양평군 강상면 세월리 소재 - (현) 세월초등학교

바보 웃음

잠시만 눈을 감아도
두근거리는 피가 돌아
가슴이 뜨거워진다

하늘과
맞닿은 강
높고 푸르게 깊어진 정情

오랫동안
낫지 않는 병에 걸려
세상이 아름다워 보인다

보이는 것마다
어쩌면 그리 좋을까
바보 웃음이 자꾸만 멈출 줄 모르고 흐른다

한강으로 흘러 흘러간
바보 웃음이
내일쯤이면 서울에 도착할 것 같다

사랑한다는 말에는 메아리가 살고

그대를 만날 때마다
그대가 웃을 때마다
심장에 달빛 멍이 들어요

그대를 놓고 싶지 않지만
보내야 하는 이유를 알기에
흔들리는 사랑이 아파 와요

사랑한다는 말에는
메아리가 살고 있기 때문에
이제는 그 말을 할 수도 없어요

달빛에 손바닥을 펴고
사랑한다
사랑한다
사랑한다
달빛을 찍어
손가락으로 쓰는 사랑이란 글자에 달이 닳아요

봄마중

처음 사랑은
기다렸던 봄처럼 찾아옵니다
한줄기 정겨운 바람
들에 핀 제비꽃처럼
가슴에 보드랍게 들어오는
첫 느낌 사랑입니다
차르르 꽃빛입니다

봄마중처럼
서성이는 화사한 설렘입니다
그대 미소는 단맛 나는 사랑
계절을 돌고 돌아왔지만
노을 창가에서도 눈부신 청춘
내 가슴에 핀 사랑입니다
차르르 봄빛입니다

달 뜨고 달 뜨지요

그리움 번지듯
노르스름 초승달 뜨고
달빛 물은 입맞춤
두 볼에 보름달 뜨지요

숨 고른 달 아래서
내 님을 사랑해요
시린 듯 시린 듯 여린 가슴에
아린 듯 아린 듯 아픈 언약

사랑을 사랑을 사랑을
차오르는 사랑을 휘감아 안아 주세요
저기 저 달빛 숨소리
설레는 내 마음

초사흘 다가오면
님 소식에 눈썹달 뜨고
열닷새 되는 날
님 마중에 둥근달 뜨지요

바다는 그리움을 밀물이라 부른다

한 자락 비린내 나는 추억은
파도를 타고 가슴까지 밀려왔다
그리움 젖은 시간은
안으로 접히고
밖으로 펼쳐지고
골과 마루 사이로 한 겹 한 겹 높아져 갔다

멀리 보이는 수평선에서
파랑을 끌고 와
짙은 그리움만 색칠하는 작은 섬
푸른 눈짓만 깜박깜박 아무 말이 없다

저기 저기서
하얀 손 흔드는 반가운 소리
나를 기다리고 있었구나
소리쳐 나를 부르고 있었구나
그리움 넘쳐 달려오는 뜨거운 파도
두 팔 벌려 깊은숨으로 안아 보니
바다는 그리움을 밀물이라 부른다

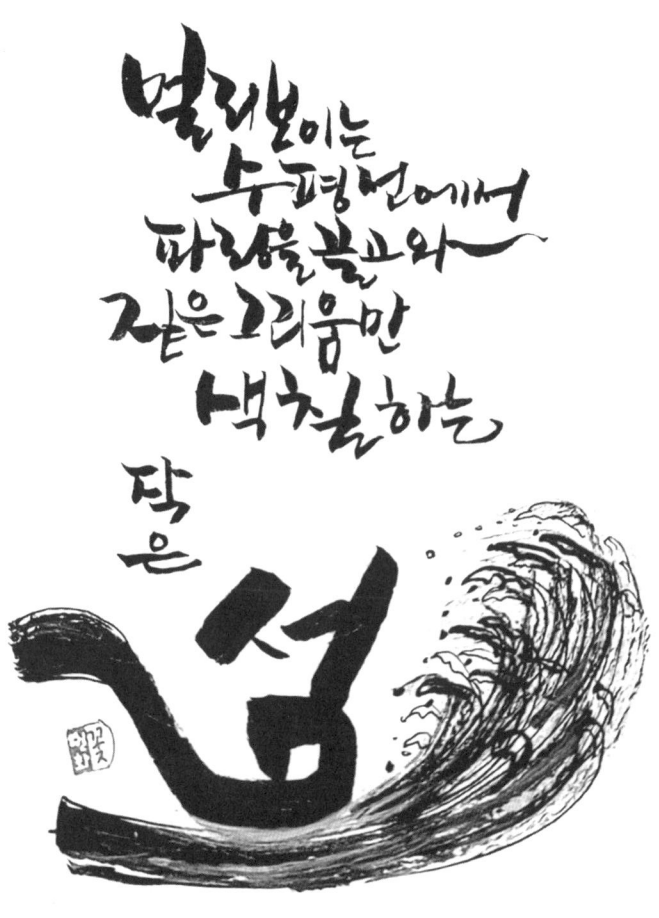

비자나무

해가 내린다
나무들은 맑은 햇살을 좋아하나 보다
비자나무는
젊은 아침마다 풀빛 사색을 즐긴다
깊은 상록에서 나오는
빗살 문양의 기다림
애틋한 마음을 숨길 수 없어 잎새가 뾰족하다

비가 내린다
나무들은 비 오는 날을 좋아하나 보다
비자나무는
빗줄기가 굵어도 우산을 쓰지 않는다
줄을 타고 내려오는
하늘빛 적신 빗물 속에
촉촉한 가슴을 숨기려 눈물을 잎새에 가둔다

사랑은 그리워야 사랑이지

사랑은 인연을 선물 받는 거야
그래야 사랑의 문이 열리지
사랑은 늘
내가 하는 대로 돌려주지 않아
아픔이 있어야
꽃보다 아름답다는 걸 알게 되지
그 사람이 떠났어도
사랑했다는 뜨거운 흔적은 남아 있지
밀물처럼 밀려온 그리움에
혼자서 사랑의 배를 띄우는 거야
깊은 몸살을 앓아야 노를 저어갈 수 있지
저녁 7시가 되면
그 사람은 늘 창가에 앉아 커피를 마셨지
지워야 하는데
그 사람을 지울수록 선명해지는 건
추억이 되었다는 거야
사랑은 그리워야 사랑이지

빛과 그림자

보이는 것 너머에 있는 걸
갖기 위해
저마다의 꼴을 만든다
에움길 따라 걸어온
삶이 고단했다면
그 뒤에는 휘어진 그림자들이 살고 있었다

향기에 감탄하는 순간
색에 스며드는 순간
꽃을 피운 완성은
그림자를 뒤로 눕히고
빛을 향해 우뚝 선 걸음이었다

절벽에 피어 있는 고운 색
구절초의 심장을 움켜쥔 바람
그 아슬함 뒤에 그림자 하늘거린다

사랑이 아프다

불긋불긋한 슬픔
노을빛 강둑에 앉아
주름진 시간을 강물에 던진다
그대의 눈빛처럼
차가운 물결 위에
우리의 사랑을 떠나보낸다
흘러가는 강물 속으로
푸른 눈물이 따라간다
우리의 사랑을 적시며
아픈 추억은 강물이 되어 흐른다
류루루루 사랑이 아프다
류루루루 젖은 사랑이 아프다

바람의 놀이터에
자작나무를 나란히 심어 줘야겠다
연달아 흔들리는
이파리의 푸릇푸릇한 위로가 싱그럽다

바람의 목소리를 보다

강아지풀이 꼬리를 흔든다
논둑길에서 마중한
투명한 바람의 목소리를 보다

바람이 옷자락 끌어안으니
목에 두른 분홍 스카프가
바람의 뒤를 따라간다
바쁜 듯 귀찮은 듯
풀숲에 꽃처럼 스카프를 걸어 놓고
누운 벼 이삭을 다시 세워 놓고
얼른 개울을 건너 메밀밭으로 뛰어간다
바람은 신발을 벗은 채
맨발로 흙을 밟으며 지나간다

강아지풀이 꼬리를 흔든다
흙먼지 날리는 배웅길
황토색 바람의 목소리를 보다

초승달

초저녁
그때처럼 들려오는
"밥 먹어라"
엄마의 목소리가 초승달처럼 가슴에 걸려 있다
작은 초가집 하늘에는
저녁 별들도 다정하게 살았는데
계절이 바뀔 때면
반짝반짝 이사를 가기도 했다
등불 켜는 밤이 오면
뒷산에서 소쩍새 울음소리가
창호지를 뚫고 방 안으로 들어왔다
엄마는 바느질을 하시고
찬바람 소리가 방문을 두드릴 때쯤
솜이불 안으로 들어가는 올망졸망한 졸음
몸을 숨긴 채 밤새도록 새근새근 귀여웠다

세월을 뒷걸음질 쳐서
찾아간 유년 시절
꼬불꼬불 추억 따라 걷는
들꽃 오솔길
아름다워서 웃음이 피고
그 웃음이 맑아서 가슴이 시리다

오늘 밤
어린 초승달을 시린 품에 안아 본다
가슴에 달빛이 찍히도록 꼭꼭 안아 본다

3부

산수유길

꽃잎의 춤사위

바람 따라
꽃잎 날리면
지네요 지네요 내 사랑이
구름 속에 핀 그대 미소
아리아리 맴도는 사랑
꽃잎의 춤사위 슬퍼요

그대 생각에
하늘을 보면
살며시 날리는 짧은 사랑
그대 없고
바람도 없고
아리아리 맴도는 사랑

그대 속삭이듯
꽃잎이 져요
바람 안고
사랑이 져요
꽃잎의 춤사위 슬퍼요

도道

노인의 가슴속에는
주먹 불끈 쥔
청년이 살고 있다

귀밑 흰머리
거울에 비추며
희끗희끗한 미소를 짓는다

비바람 주름진 세월 건너서
황혼으로 가는 길
들꽃이 피어 곱다

낮과 밤
죽고 사는 일
모두가 하늘의 법칙이다

별을 마신다

술잔에
이별을 담는다
사랑은 오고 가는 것
눈물은 따뜻해서 더 슬프다
찾아오는 이별을
외면하며 걸어왔지만
사랑과 이별은
늘 나란히 걷고 있었다
이별이
아름다울 때가 있는데
사랑 떠난 이별은
순간순간 아름답다
슬픔이 허락한
이별을 술잔에 담는다
눈물에 반짝이는 별을 마신다

하늘색

강물이
하늘을 안고 흐른다
노을빛 사랑
붉은 향기 서산에 걸리면
까치놀 띄운 화려한 강물이 흐른다
길게 바라보는 강
높게 바라보는 하늘
마주 보며 하늘색으로 닮아 간다

하늘에
어둠이 가득 차면
숨겨 놨던 초승달 돋아나고
짙은 강물 속에서
달빛 같은 노란 비밀을 건져 올린다
색색의 빛깔을 바꾸며
하늘색 여정은
강과 하늘을 같은 색으로 안고 간다

풍경 안에

네모 안에 갇힌 도시
불빛 따라 직각으로 걸어가면
높고 낮은 소음이 귀에 걸린다

아파트 창문에서
수직으로 떨어지는
달빛은 동그라미 안에 소복이 쌓인다

거실에 살고 있는 반려견
둥글게 몸을 웅크린 채 잠을 자다가도
어느새 사람들을 흉내 내며 세모 안에 살고 있다

정원 속 와르르 웃고 있는
보랏빛 아스타 꽃 무리
픽스 창 직사각 안에 그림 액자처럼 걸려 있다

동기감응同氣感應

좌청룡左靑龍은 청룡으로
우백호右白虎는 백호로
남주작南朱雀은 주작으로
북현무北玄武는 현무로
천기天氣
지기地氣
인기人氣
모두 모아 정혈定穴은 하늘이 한다
보이지 않는 끈으로 연결된 조상과 후손
수수께끼는 거꾸로 알아맞혀야 풀린다
오늘이 명당明堂이면 어제도 명당이다
수수께끼의 정답은 적선적덕積善積德이다

카페모카

늦은 오후 한 잔의 카페모카
휘핑크림 사이로 녹아든 목소리
사랑이 목으로 넘어간다

커피 향처럼 은은하게 다가와
가슴에 봄을 안겨 준 그 사람
사랑은 진할수록 더 달콤해진다

눈 감아도
뒤돌아보지 않아도
내 계절에 살고 있었던 그 사람

잊은 줄 알았는데
그리움 찍힌 발자국 따라서
달빛 안고 추억 속으로 걸어가 본다

산수유길

하늘빛 내리는 개군면 양평에는
산수유길 47-4에서 새봄이 시작된다
가지 끝에 앉은 동그란 햇살
첫 웃음 터뜨리는 산수유꽃
메아리처럼 들려오던 웃음소리
어릴 적 들꽃을 따라 걷던 마을 길
졸졸졸 내 발자국 따라오던 물소리
산수유나무 가지마다 추억이 샛노랗다

층층이 세월을 등에 업은 돌담길
누군가는 이미 떠났고
누군가는 아직 남아 있지만
그 길은 매년 봄으로 연결되고
설렘을 두른 산수유꽃으로 피어난다
조그만 꽃잎 안에서
바람보다 먼저 웃는 꽃술
그리운 사람들의 이름을 향기롭게 불러본다.

모래톱

잃어버린 우리 사랑은
세월의 어디쯤 있을까
쓸쓸히 걷는 바닷가
텅 빈 가슴속
파도처럼 밀려오는 추억
차곡차곡 걷어
그대 이름 속에 넣어 부르면
내게로 밀려와 쌓이는
사랑의 모래톱
철없던 사랑과 이별의 멜로디
물새의 노래가 되어
하늘빛에 물들어
반짝거리는 물빛에 엮여
수평선으로 푸르게 푸르게 숨을 고르네

초록과 바람 사이

초록과 바람 사이에 피어나는
들꽃 이야기처럼
그대 걸음에서 여린 풀 내음이 납니다
다문다문 칡꽃 피어 있는
보랏빛 언덕에 걸터앉아
그대와 연두 섞인 초록을 노래합니다

그대 걸어간 발자국마다
하늘빛 담겨 찰랑거리고
이팝나무 아래로 흰 바람이 불어옵니다
하늘하늘 숨결에
연달아 흔들리는 마음과 마음
초록과 바람 사이를 그대 손잡고 걸어갑니다

보라색

키가 큰 수수꽃다리
마당 가득 향기를 뿌린다
돌담 아래
키가 작은 제비꽃
같은 보라색이니
향기까지 나눠 달라 떼를 쓴다
달빛도 나눠 가지고
바람도 나눠 가지고
봄날도 나눠 가지고

아침이면
꽃향기 묻은 보라색 태양이 뜰 거야

사랑의 아리아

처음엔
낮은 음으로 시작하여
사랑을 속삭이듯 불렀다
하루하루 숨결 위로
작은 음표들이 피어나고
떨리는 고백은
빛나는 고음이 되었다

사랑은
격정의 파도였고
때로는 유리창 밖 바람 같은 무음이었지만
언제나 그대를 향한 선율이었다
외로움이 웃으면
내 마음은 반주가 되고
외로움이 아프면
눈물마저 노래 방울이 되었다
영원히 멈출 수 없는 사랑의 아리아

이끼꽃

향기로 전할 수 없는 꽃
연두색 이끼꽃을 보았나요
사랑을 담은 당신은 이끼꽃
생명을 품은 당신은 이끼꽃

아침이 오면
달그락거리는
어머니의 따뜻한 손맛
거룩한 어머니 당신은 이끼꽃

고운 실타래 한 올 한 올 풀어
사랑으로 엮은 어머니 품속
계절을 안고 가는 꽃바람 소리에
당신을 불러봅니다
이끼꽃 이끼꽃이여

향기로
전할수 없는 꽃
연두색 이끼꽃을
　　보았나요
사랑을 담은
　당신은
이끼꽃

천년 인연

한 사람이 내게 오고 있다
시간이 숨을 고르는 그 순간에

연결된 긴 그리움의 문이 열렸다
서로의 이름도 모른 채
서로를 기억했다
아직 오지 않은 계절까지도
그대를 위해 준비된 듯
꽃은 피고 바람은 방향을 바꿨다
그대를 만나기 위해 모든 길을 돌아왔다
내가 살아온 모든 날이
그대를 만나기 위한 하나의 몸짓이었다
돌아보면 스쳐 간 날들
슬픔의 무게에도 의미가 있었고
지나친 수많은 어긋남도
결국은 그대를 부른 손짓이었다

천년 인연
그대가 쓰고 내 운명이 부른 불멸의 노래였다

외로움은 흐르지 않고 쌓인다

떨어지는 눈물 속에
짧은 기억이 어린아이처럼 숨어 있다
시간은 청춘 사이로 지나갔지만
외로움 모서리에 찔린 가슴
아픔은 화인이 되어 눈물로 얼룩진
마르지 않는 흔적을 적는다
읽을 수 없는 암호를 해독하러 왔는지
느닷없이 찾아온 바람
혼잣말을 내려놓고 지나간다

강물은 쉬지 않고 흐르는데
흐르지 않는 외로움은
가슴에 쌓이고 쌓여 섬을 만든다네
높은 외로움은
가슴에 층층이 산을 만든다네

잔뜩 밀려온 외로움은
산을 타고 올라가서
다시 섬으로 뛰어내린다

채송화

송이송이
채송화 곱게 핀 장독대
꽃잎처럼
동그랗게 앉은 우리 엄마
학교 길 재촉하던 그 목소리 들려와요
내 마음은
여덟 살 아이가 되어
추억 따라 엄마 품속으로 뛰어가죠
장독대 앞에서
다정히 웃던 그 얼굴
엄마가 갓 지어 준 꽃밥을 먹어요
빙그레 바라보시던 눈길
그립고 보고 싶은 내 엄마
채송화 꽃잎 위에 적은 그 이름
엄마 엄마 엄마 사랑합니다

장미비가 내리네

빗방울이 음계 타고 오르내리는
물빛 선율은 그리움을 연주해
또르르르 구르는 맑음이 좋아

구름 속 햇살 숨은 흐림이 참 좋아
그대 목소리 빗방울 되어 참참 좋아
빗물을 장미비라 부르니 참참참 좋아

빗방울꽃 향기 흐르는 예쁜 장미비
느리게 느리게 젖어 가는 플라타너스
그대 가슴속 초록 잎새가 손을 흔들어

그대가 보내 준 비가 내리네 비가 내리네
장미 색깔 한 아름 장미비가 내리네
그대 노래 속으로 장미비가 내리네

하르르하르르

하르르하르르 감꽃이 지던 마당
하르르하르르 꽃송이 날릴 때
바람 끝에 옅은 향기가 묻어난다
누군가 울었나 보다 저 꽃 지는 걸 보니
눈빛도 사랑도 때가 되면 떨어진다
무너지는 사랑의 무게가 꽃잎에 실려 있다
꽃은 인사도 없이 지고 있는데
사랑도 한 계절처럼 스쳐 지나간다
감꽃 지는 나무 아래서

그때 그날을 기억하면
하르르하르르 눈빛에 감꽃이 젖는다
하르르하르르 꽃보다 먼저 울고 있다
사랑은 조용히 떠났고
감나무 가지 끝에 주홍빛 약속만 둥글게 걸어놓았다
내게 남긴 건 짙은 사랑의 향기
손끝에 맴돌던 온기가 바람에 번진다
하르르하르르 기억이 뒷걸음질한다
하르르하르르 함께 걷던 추억이 흔들린다

찰나

먹구름은
곧 장대비를 쏟아 낼 텐데......

눈물 속에서
그리움은 천둥을 치고 있는데......

그대에게 나는
사랑의 번개가 될 수 있을까?

사랑의 촛불은
제 몸을 태우고 있는데.......

줄탁동시 啐啄同時

겹겹이 두른 꽃송이
색으로 소곤거리는 안에서 줄啐

햇살과 바람이
감싸 주고 흔들어 주는 밖에서 탁啄

탁탁탁 쪼아 주면
줄줄줄 깨고 나오는

산수유꽃망울
솜털 귀여운 웃음소리

돌담 따라 봄마중 길
노란 연둣빛 가득하여라

(4부)

진줏빛 언어를 디자인하다

기타 선율은 라일락 향기가 되어

입 모양은 말이 없는데
음표는 오선을 건너간다
가슴을 적시는 목소리
도-레-미-파-솔-라-시-도
8도의 간격을 가진 옥타브 진행은
감정의 계곡에서 송이송이 꽃을 피운다
달콤한 노래를 얹은
기타 선율은 라일락 향기가 되어 날아간다
음표를 타고 오는 반가운 몸짓은
노크 없이 들어왔다가
해가 뜨면 아침을 신고 여행 가듯 훅 떠나간다
별빛 내려오는 밤
낯익은 글자에 하나둘 하트를 그린다
손가락으로 톡톡톡
오디오 파일에서 재생되는 음성
심장을 통과하는 중이다
전주곡에 귀를 열고
아름답던 그날을 기타 줄로 당겨 온다
소리 내어 웃는 이모티콘ㅎㅎㅎ

흐린 날 저녁

유년의 푸른 아침
싱싱하게 내리쬐는 햇살이 젊다

긴 여백 속 중년의 점심
커피 향이 심장의 중심을 적신다

어느 흐린 날 저녁
문득 보고 싶은 사람이 있다는 것은

부드럽게 숨 쉬는 실크 스카프처럼
그리운 사랑이 목을 휘감는 것이다

꽃들이 말을 걸어 온다

봄의 체온을 동여맨
버드나무 곁으로 다가가면
갓 돋은 새싹 위에
봄볕이 다닥다닥 붙어 있다
키 작은 봄바람
흔들리는 꽃다지 사이로
노란 웃음이 뛰어나온다
잎새가 되고 꽃잎이 된 봄날은
호기심으로 가득 찬 아이 같다
꽃다지처럼 노릇노릇 노랗게
냉이꽃처럼 하늘하늘 하얗게
옹알이를 시작한다
이 세상의 꽃들은
작은 입으로 색깔다운 말을 할 줄 안다
나비처럼 꽃입술 살랑거리며
봄날엔
꽃들이 말을 걸어 온다

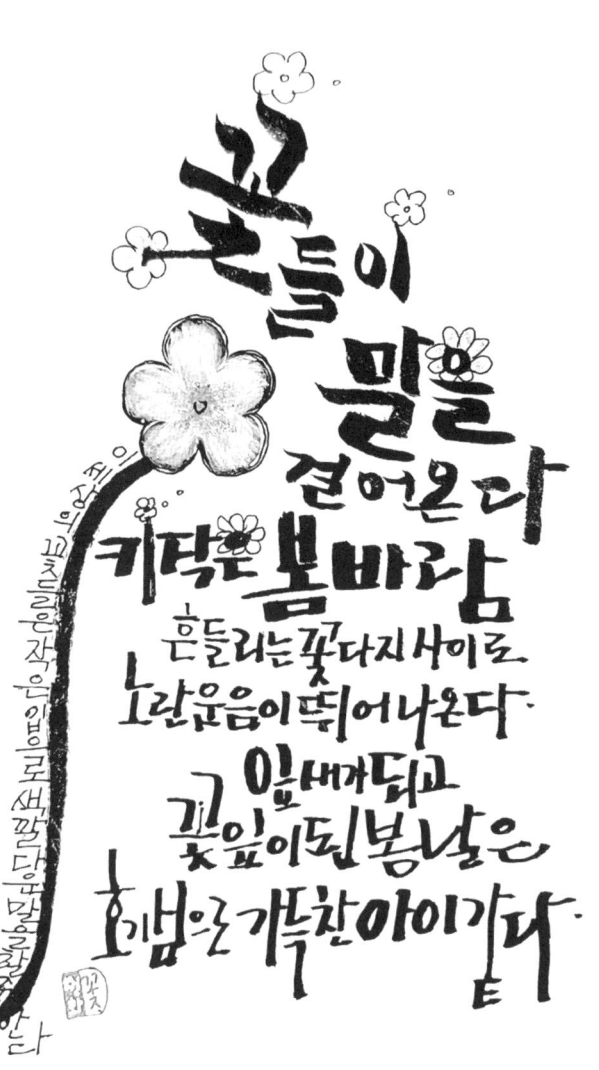

나는 첼로

내 청춘 속으로
깊게 흐르던 선율은
현으로 연주된 아름다운 희로애락
세월은 내 삶의 첼리스트였다

오월 위에 내려앉은 바람결
녹색의 연주곡은 청보리
어느 계절의 명작이었나
세월은 나를 껴안고
사랑의 중저음으로 활을 당길 때
설렘의 시작도
아픔의 끝도
언제나 자연과 세월의 협주곡

높은 음역대에서 흐르던 감동의 멜로디
그 시간 속에서
나는 첼로
세월은 내 인생의 첼리스트였다

홍매화가 피려나

마주 볼수록
눈부신 통증은
몸속에 갇혀 긴 시간을 기다린다

한 줄기 바람
꽃샘추위 몰고 와
꽃망울의 심장을 만지작거린다

두툼해진 꽃송이 행간을
향기로 읽어 가는 두근거림
송이마다 봄 햇살로 통통하다

바람의 어깨 위로
붉게 앉은 고운 자태
화사한 치맛자락 봄 가지에 날린다

낙타와 여행

그대와 맨발로 모랫길 걸으며
두 마리 낙타와 여행을 떠나자

그대와 내가 사막을 건너갈 때
사랑은 모래 발자국 따라오겠지

루이 루이 루이
낙타 타고 사막을 건너서 가자

우리 사랑 높이를 잴 수는 없지만
모래 언덕보다 더더더 높을 거야

햇살 숨은 환타색 노을이 달콤해
사랑이 좋아 좋아 그대가 좋아 좋아

루이 루이 루이 낙타 타고 노랠 부르며 가자
루이 루이 루이 낙타 타고 노랠 부르며 가자

파도

내
몸속
혈관을
배회하며
끈적거리는
그리움 덩어리
부딪혀 짙푸르다
되돌릴 수 없는 순간
하얗게 부서진 시간 속
발을 담근 시퍼런 후회가
무릎까지 몰려와 출렁인다
날개를 저어 바다를 끌고 간다
쉬지 않고 푸른 바다를 끌고 간다

꽃잎 물고 가는 바람 한 줄기

꽃잎에
홀로 숨어서
피어오르는 사랑
꿈결 같아 바라만 보아요
그대 사랑이 내 살갗에 닿으면
내 마음을 벗어 모두 보여 드릴게요

달빛에
홀로 물드는
짙은 그리움 위로
꽃잎 물고 가는 바람 한 줄기
내 사랑에 꽃비가 그림처럼 내려요
빗물 같은 그리움 곡선으로 흘러내려요

행복이라 읽는다

한 권의 내 인생
어느 페이지
눈물로 적은 사연 있지만
이제는 행복이라 읽는다

청춘을 만나
꿈꾸던 아름답던 순간들
그 추억의 파노라마 안에서
촘촘히 쓰인 뜨거운 이야기

한 권의 내 인생
어느 페이지
첫사랑 아픈 사연 있지만
이제는 행복이라 읽는다

달빛은 네 눈물에서 떨어졌다

강가 네 이름이 흘러간 자리에서
목소리는 깊은 물에 잠기고
물비늘만 달빛의 옷을 입는다
흐른다는 건 그리움의 또 다른 이름일까
강물 위에 추억 한 조각 꺼내서 띄운다
그날 네가 앉아 있던 그 자리
말없이 강 물결 바라보며 웃던 모습
강물 속으로 사랑이 흘렀고
달빛은 네 눈물에서 떨어졌다

가슴은 알고 있었다
웃음이 너의 마지막 인사라는 걸
강물은 흐르고 달빛은 다시 흔들린다
그리움만 남기고 다 흘려보낸다
가끔은 그 자리에 한참을 앉아 본다
너처럼 그렇게
이제는 아무도 없는데
누군가 옆에 있는 것처럼 점점 따뜻해진다
그리움의 외투를 입은 사랑의 속살이라서……

채화 3456

이팝나무
삼월의 보드라운 잎새
멜론빛으로 새콤하게 흔들린다-3

사월 바람 앉으니
휘청이는 소나무 가지에서
노르르노르르 송화가 새처럼 날아간다-4

연둣빛 햇살
곱게 내리는 오월 초순
구름이 내려와 나뭇잎에 집을 짓는다-5

유월로 흘러가는 강
저녁 하늘이 노을노을 내려와
강물 가득히 주홍빛을 산란한다-6

동해에서

혼자서
커피 향 같은 노을 안고
화려한 바닷속으로 걸어 들어간다

혼자서
외로운 썰물 따라
술 취한 바닷속으로 걸어 들어간다

혼자서
살결 푸른 하늘과 맞닿은
비밀의 바닷속으로 걸어 들어간다

갈비뼈마다
선명한 파도 무늬
혈관을 타고 들어온 바닷물이 몸속에서 출렁인다

배부른 동쪽 바다
천지가 밝아지는 새벽 진통
갓 낳은 햇덩이를 안고 바닷속에서 걸어 나온다

예그리나

처음부터
살짝살짝 내 맘 흔들었죠
당신이 보낸 눈웃음 눈가에 주름
내 사랑이라 모두 모두 가져왔어요

예그리나 예그리나
사랑하는 우리 사이
자꾸만 웃음이 사랑에 빠져
화려한 상상을 해요

예그리나 예그리나
사랑하는 우리 사이
사랑하는 우리 사이

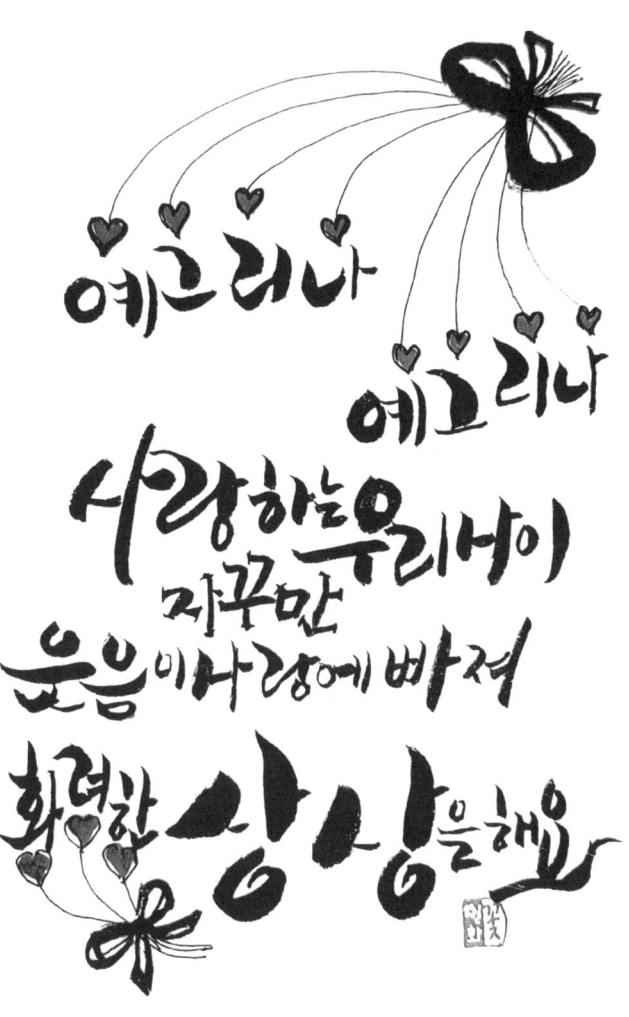

분홍 스웨터

바람이 꽃잎을 흔들었을까
엄마의 사랑이 꽃잎을 흔들었을까

낮잠에서 깨어난
여섯 살 소녀는
방문을 열고 먼 시선으로 엄마를 찾았다

들길 따라
산 아래 밭으로 가신 엄마가 멀리 보인다
분홍 스웨터를 걸친 뒷모습
보나마나 당연히 내 엄마였다
들길 따라 산 아래 밭까지 찾아갔었다

사월이면
진달래가 산 아래 밭까지 내려와
엄마인지 진달래꽃인지 구분이 안 되었다
역시 엄마는 없었고
진달래꽃만 흐드러져 피어 있었다
얼른 한 묶음 꺾어 들고
보고 싶은 엄마를 찾아
다시 집으로 돌아오면
텅 빈 부엌엔 가마솥만 덩그러니 앉아 있었다

해가 저물고
옆집에서 저녁밥 짓는 연기가 피어오를 때쯤
엄마는 고단한 호미를 들고 집으로 돌아오셨다
오늘은 개울가 근처에 있는
자갈밭에서 하루를 보내고 오셨나 보다

엄마의 봄날은 무슨 색이었을까
여섯 살 소녀의 눈빛에서
진달래 꽃망울이 터질 때
먼 기억에서
분홍색 바람이 빙그레 불어온다

사랑도 노을빛에 지려고 합니다

사랑한다는
뜨거운 말에는
당신의 심장이 들어 있습니다

눈 감아도
그리움 속에는
설렘이 춤추기 때문입니다

문득문득
사랑 속에서
말랑한 행복이 만져지기 때문입니다

겹겹이 쌓이는
세월 동안
살며시 가슴 아린 당신을 사랑합니다

철 따라
꽃잎이 지듯
사랑도 노을빛에 지려고 합니다

왈츠곡

말 없는 그리움이 슬퍼 보인다
눈물 흘리는
그리움 곁에 사랑을 보냈다
그리움은 사랑을
사랑은 그리움을 맨살로 마중한다
와락 끌어안는다
그리움은 사랑을 기다리고 있었다
문을 살며시 닫고 나왔다
그리움과 사랑을 남겨 두고

멀리서 들리는 새소리도
휘파람 되어 창공을 뛰어오른다
남한강도 바람결에
푸른 드레스를 입고 왈츠를 춘다
덩달아 나도 얼른 재생 버튼을 누른다
요한슈트라우스 2세의 [아름답고 푸른 도나우]
그리움과 사랑의 리듬은
아름다운 상상으로 빙글빙글 돌고 돌아
이제는 왈츠곡을 멈출 수 없다

진줏빛 언어를 디자인하다

책을 쌓는다
문자를 꺼내서 또 쌓는다
돌을 얹고
흙을 바르고
언어의 돌담을 튼튼하게 쌓는다
긴긴 돌담을 따라
기억의 언어를 줍고
꽃잎의 언어를 마주 보면
풀빛에 흔들려 반짝이는 작은 언어들
바람결에 깨어난 리듬
자연의 아름다운 모든 몸짓
진줏빛 언어를 디자인하다

봄 햇살 가득한 길모퉁이
엄마 손 잡고 나들이 가는 아가를 만났다
귀여운 입 모양에서 아장아장 걸어 나오는
첫 언어를 받아 가슴에 안는다

안개꽃

기다렸던
시간을 넘기면
보고 싶다는 문장이
안개꽃 떨림으로 가득하다

마주한
눈빛 언어에서
차르르 흘러내린
수많은 그리움은 안개꽃으로 안겼다

가슴에서
안개꽃으로 압축된 설렘
푸른 달빛을 열고 나온 말
한 아름 핀 사랑이여

사랑하외다

물결 같은 님이여
사연은 묻지는 않을게요
뒤돌아보고 또 돌아보며
웃는 얼굴 살피고 떠났으니
윤슬 눈부신 날
눈빛 반짝이는 강물처럼
흘러서 흘러서
아니 간 듯 다시 돌아오소서
사랑하외다

봄결 같은 님이여
거닐던 그 오솔길 따라
나뭇잎 연두색으로 손짓하면
아무 일 없는 듯 시치미 뚝 떼고
아지랑이 눈부신 날
꽃다지 흔드는 봄바람처럼
노랗게 노랗게
아니 간 듯 다시 돌아오소서
사랑하외다

어둠

해 저문 창문
방충망으로
하루살이보다 작은 노을빛이 들어온다
창문을 열어 준다

잠깐 멈춘 시선
앞마당 솔잎에 걸린
둥근 해를 잡아
저녁가지에 묶어 보지만 헛수고였다
지나가던 바람도 잠시 발끝을 멈추고
나이 든 소나무는 말없이
붉은 눈동자를 크게 굴린다

배고픈 어둠은
하늘만큼 높은
산 하나 집어삼키고
작은 마을을 고요히 잠재운다

5부

천 개의 눈동자

가루비

그대가 떠난 날
사랑도 따라갔어요
너무나 보고플 땐
달빛 따라 헤매죠
쓸쓸히 희미해지는
하현달 바라보면
사라져 가는 그대 얼굴
달빛에 비춰 떠올릴 때
가루비 포슬포슬
추억 위에 내리는 밤
어둠 속에 젖어 오는 건
그대의 눈물인가요

칠월의 나뭇잎

칠월의 나뭇잎에는
새들의 발자국이 초록으로
빠르고 진하게 찍혀 있다

바람이 들어가 앉고
새들이 날개를 접고 앉으면
잎새는 둥글져 따뜻해진다

푸드덕푸드덕
바람이 불 때마다
짙어지는 잎새에서 날갯짓 소리가 들린다

칠월의 깊은 산속
나무들의 합창 소리가 무성하고
푸르고 푸른 새소리로 산이 높아져 간다

계절 끝에서

계절 끝자락엔
아직 경계를 허물지 못한
다음 계절이 기다리고 서 있다
짧은 시간 안에
절벽으로 뛰어내릴 준비를 한다
나뭇가지 흔드는 저녁 냄새
별이 직선으로 내려온다
바람도 다음 계절로 옮겨 가나 보다
달빛을 넘는
바람의 숨소리가 가쁘다
곧 도착한
습도 높은 계절은
바스락거렸던 기다림을
한 번에 눅눅하게 만들어 버렸다

꽃빛 스며든 보석
작은 고마리꽃이 분홍으로 어쩜 그리 예쁠까
물소리 안고 가을이 금방 오려나 보다

음력 삼월 초하루

벚꽃이 60번이나 눈부시게 피었다
개나리 꽃잎 옆에서
진달래 꽃잎을 바라보며
맞이하는 새봄은 달보드레하다

사방에 넉넉한 것은
들판에 풀어놓은 햇살과 바람
돌담길 따라 걷다 보면
퐁퐁퐁 피어 있던 산수유꽃
가끔 흙먼지 날리는 앞마당에선
어미 닭과 노랑 병아리들 봄날의 동화였다
음력 삼월 초하루
첫 수유를 하신 날
내 엄마의 품 안에서
새봄부터 피어나는 꽃들의 노래를 들으며 자랐다

어느덧
나도 엄마가 되었고
꽃들처럼 소중한 이름을 가진 자식을 둘 낳았다

감꽃이 피어난다

바람에 흔들리는
연둣빛 종소리에서
동글동글 감꽃이 피어난다
친구들이 웃을 때마다
까르르 떨어지는 감꽃
두 손이 노랗게 될 때까지 주웠다

저녁 햇살이 지나가면서
손바닥 안에 꽃 그림자를 쥐여 줄 때
아무도 모르게
자꾸만 달아나는 조그만 추억들
감꽃 속에 숨겨 놓고 여기까지 왔다

돌담 너머
주홍빛으로 익어 가는
말랑한 노을이
감나무 가지마다 주렁주렁 열린다

오월의 장미여

기억에서
피어나는
향기 잃은 장미여
첫사랑에 찔린 가슴엔
깊은 가시가 박혀 있어라

계절이 오면
다시 피는데
돌아오지 못한 사랑 앞에
맴도는 귓속말이 꽃보다 향기로워라

이제는
누구의 가슴에
빛깔 고운 이름으로 꽃 피려나
신록에 걸터앉아 피어나는 오월의 장미여

곡선으로

웃음을 동그랗게 덧칠하는
유월의 초록 물감이여

둥근 바람 소리에
떨어지는 추억의 잎새 소복하다

꿀참나무 꿀 아래에
싸리나무가 곡선으로 모여 살고

물푸레나무 물 아래에
국수나무가 곡선으로 손을 흔든다

누군가 보고 싶다는 건
곡선으로 온몸을 흐르는 그리움 때문이다

그림 같은 봄

부푼 꽃눈 보고 있으면
간질간질 간지러워
새봄을 긁어 봅니다

물결치는 엷은 색
봄볕에 부서질까 봐
벌써부터 애가 탑니다

바람으로 왔다가
꽃으로 머무는
그림 같은 봄 전시합니다

예쁘다

꽃 무리를 보았나요?
어울려 피는

풀꽃을 보았나요?
허리를 숙여 눈빛 맞추는

별꽃을 보았나요?
하얀 미소로 반짝거리는

귀여운 봄날

귀여운 봄날에는
아기 걸음처럼
강아지 걸음처럼
그냥 그렇게 걸어 보았다

쏟아지는 햇빛 소리
바람에 흔들리는 꽃빛 소리
연연한 봄날은 연둣빛이었다

송홧가루 떠 있는 물가에서
손가락을 휘휘 저어 그림을 그렸다
자꾸만 도망가는 노란색을 쫓아가며
나른한 봄날에 얼룩얼룩 빠져들 때
구름 앉은 소나무가 물속에 살고 있었다

봄날을 가득 부어 놓은 날
아른거리는 개나리꽃
뒷마당 울타리 아래서
병아리는 연노랑 새봄을 쪼아 먹고 있었다

그 남자

그 남자가
바다를 향해 걸어간다

고독이 시퍼렇게 밀려오면
그 남자 두 눈에서
벌써 바다가 출렁인다
눈물처럼 파도가 글썽인다
일기예보에 없던 소낙비가 푸르게 내린다
눈물 같은 짭짤한 비가 뚝뚝 내린다
그 남자의 어깨에서도 모락모락 비가 내린다
바다는 커다란 입을 벌리고
그 남자가 뱉어낸 외로움을 모두 삼켜 버렸다

그 남자가
바다를 등에 지고 걸어온다

엄마의 툇마루

툇마루 앉아
바람결 꿰매시던 모습
어머니 우리 어머니
소박한 사랑으로 우릴 키우셨지요
눈 감고 구불구불 고향길 걷다 보면
배꽃처럼 웃던 어머니 얼굴이 보여요

어느 초겨울
굴뚝에 저녁연기 오르면
아랫목에 따뜻한 사랑 묻어 놓으셨죠
먼 길 지친 마음 쉬어 가고 싶을 때
엄마 툇마루에 앉아 봅니다
어머니 우리 어머니

맨발로 걷다 보면

장맛비 잠시 멈출 때
아파트 정문을 나와
첫 번째 횡단보도를 건너
패랭이꽃 피어 있는 흙길을 걷는다
발가락을 보여 주며
맨발로 걷다 보면
엄지발톱에서 꽃잎이 피어난다
발가락 사이에서 토끼풀이 자라난다
낮은 풀숲을 사뿐히 지나가면
물웅덩이에 갇힌 먹구름
말랑하게 밟아 보지만
어릴 때 녹여 먹던 박하사탕처럼 딱딱하다
바람 한 줄기 지나가고
흰 구름이 내려앉은 것처럼
온통 개망초꽃이 하늘거린다

패랭이꽃은 저만큼 뒤에서
진홍빛 맨발로 내 뒤를 졸졸 따라오고 있었다

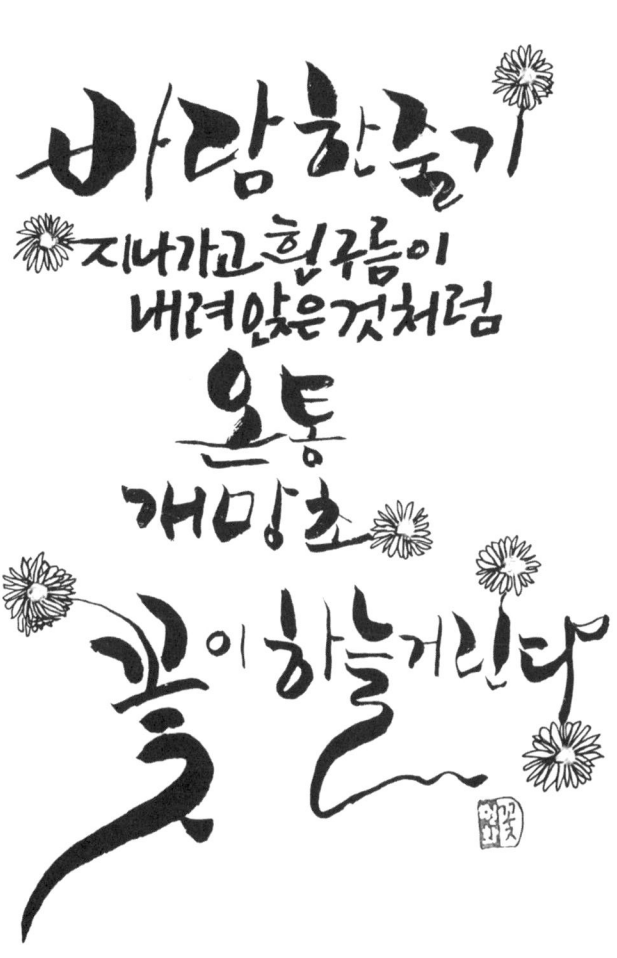

사월을 걸으면

그녀가
사월을 걸으면
발걸음마다 라일락 향기가 다가온다

꽃잎은
웃음소리를
하늘까지 높게 들어 올린다

들길 따라
소곤거리는 작은 제비꽃 위에
보랏빛 추억을 색칠한다

그녀의
첫사랑 미소가
아른아른 찻잔에 떨어진다

창밖에
녹색 바람이 불고
꽃잎에서 눈물이 떨어진다

그대 찾아오는 길

속삭임처럼
간지러운 기억이 선명해질 때
추억은 찔레꽃으로 피었어요
그대 찾아오는 길목에서
발자국 소리 들으며
바람의 놀이터에서 향기로 마중을 해요
꽃길만 따라
쭉 걸어오세요
주머니에 새소리 주워 담으며
머릿결 바람에 날리며 오세요
그 끝에서 두근거리는 기쁨 숨아 내며
그대 기다리고 있을게요
꿈틀거리며 파고드는 사랑의 속살
황홀해요
지금 이 순간

그리움의 문장

잊어 본 기억이 없습니다
잊는 법을 몰라
소리 내어 울어본 적도 없습니다
흐르지 못한 눈물
그렁그렁 고여 있기만 합니다
천년 사랑에 마취된 가슴
눈을 감고 지난날을 모두 박음질하여
더 이상 움직일 수 없어
액자 속 그림처럼 깊은 사랑에 걸렸습니다

하늘하늘 패랭이
꽃잎처럼 선명하게 말하지 못해
그리움의 문장을 꺼내 편지를 씁니다
봄꽃이 피었고 또 봄꽃이 피고 있는데……
한 번도 보내지 못한 채
꽃잎에 쓰고 또 쓰는 일밖에 모릅니다
이제 그리움의 세포는 분열을 멈췄고
꽃잎 같은 문장은 갈색으로 지워집니다

바람의 이름

하루를 펼친 햇살 자락
풀잎 뒤에 숨은 작은 들꽃을 보며 걷는다

내게 온 바람부터 차례차례 이름을 지어 불러 준다
살랑거리는 강아지풀 바람
낮은 질경이잎 바람
멀리 느티나무 손짓 바람
바람이 지나간 자리마다
손을 흔드는 반가운 함성들
꽃 피는 소리가 종소리처럼 들려온다

말랑한 그리움도
뼈가 들어 있는 딱딱한 미움도
모두 그 길 위에 뿌려져 있다

바람과 손잡고
걸을수록 가벼워지는 마음
꽃길이 끝나는 마지막 벤치에서
풀잎처럼 앉아 있을 연둣빛 바람을 불러 본다

천 개의 눈동자

사랑은
천 개의 눈동자를 가슴에 붓는다

어느 누가
내 사랑에
열정의 이름표를 숨겨 놓았을까
들숨과 날숨으로
흔들리는 뜨거운 감정
우르르 몸을 떠는
개망초꽃의 유혹
여름이 되면
사랑 이야기는 더 뜨겁다
설렘 속에 머물러 있는
그 사랑은
오늘을 산다

사랑은
천 개의 눈동자를 가슴에 담아 두는 일이다

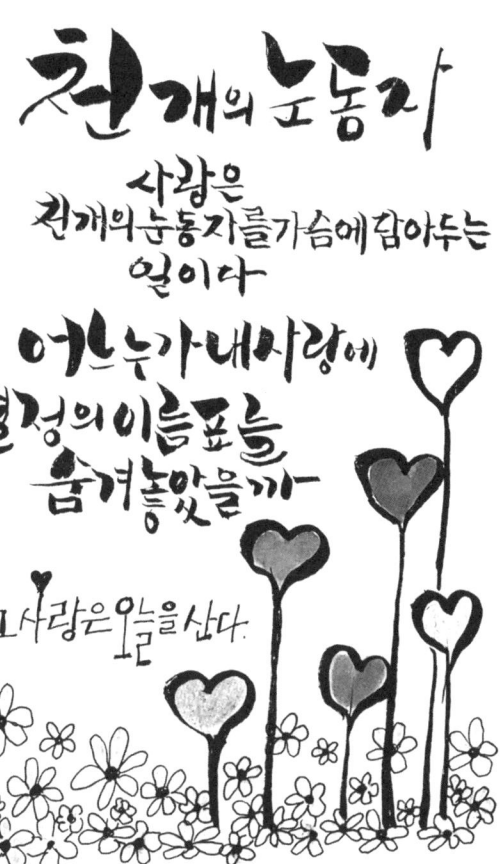

천 개의 눈동자

사랑은
천 개의 눈동자를 가슴에 담아두는
일이다

어느 누가 내 사랑에
열정의 이름표를
숨겨놓았을까~

그 사랑은 오늘을 산다.

달빛 실루엣

꿈속에서
살빛 그댈 안아 봅니다

그리움과 그리움의 시간 속에서
내게 온 사랑이 숨어 버릴까 봐
내 사랑 내 사랑 그댈 가져 봅니다

속삭이는
입술 위에 빨간 장미
달빛이 옷을 벗는 시간입니다

흔들리는 달빛에 희미한 실루엣
눈빛 맞추며 그댈 사랑합니다
그댈 사랑합니다

시 해설

류일화 시집 『그리움엔 지느러미가 없다』 해설

사유 깊이 빚어낸 시의 꽃향기

시인·수필가 박종래

  10여 년 암흑 속 애벌레기가 없었다면 한여름 청아한 매미 소리를 듣지 못했을 것이다. 성충기에 들어 고작 1~2주를 산다는 매미, 사람으로 보면 70~100세까지로 비유해 볼 수 있다.
  작가에게도 그런 미성숙의 시간 들에서 매미의 성충기처럼, 심연의 사유를 거듭해 양파와 같은 퇴고의 껍질을 벗고 일어섰으리라. 시인이기 이전 보편적 인간으로서의 불완전성이 먼저가 될 것이다.
  불완전성과 미숙함에서 성숙으로 빚어지기까지, 구슬땀을 전제로 한 치열함과 환희가 시의 향기를 발화시킨 것이다. 류일화 시가 그렇지 않을까 싶다. 류 시인은 이미 제4집을 상재하기에 이른다.

그의 이름처럼 꽃으로 부화되어 온통 꽃향기로 승화시킨 것임을 짐작하게 한다. 흰나빗과의 노랑나비, 흰나비가 꽃밭에 앉아 수분受粉하듯이 류 시인은 온통 사랑의 시 꽃가루를 수분하고 있다.

우리는 류 시인을 조심히 살펴 다가가야 한다. 자칫 유채꽃이나 메밀꽃 필 무렵이면 그렇다. 그의 시 꽃향기에 취해 빠져나오기 힘들 터이므로, 차라리 주옥같은 시 몇 편을 골라 시향에 취해보기로 한다.

남한강은
푸른 침묵을 한다
한생을 걸어온 사람처럼
강물은 말없이 흘러가지만
수많은 것을 받아들였기에
그 침묵은 비어 있지 않다
내 오래된 기억을
곡선으로 건너가는 강물이다
젖으면서 지우고
젖으면서 흐르고
젖은 계절은 다시 피어났고
가까이 다가온 강물과 눈에서 멀어진 강물은
사랑이 되고 이별이 되어

강물에 젖어 더 푸르게 흘러간다
남한강은
양평으로 흐른다

- 「강물」 전문

  한강의 2대 지류의 하나인 남한강은 강원도 삼척시의 대덕산에서 발원하여 남서쪽으로 흐른다. 그리고 영월에서 평창강과 합류하고 충청북도 단양군을 지나면서 서쪽으로 흐름을 바꾼다. 이어 충주호를 지나 충주로 흘러가서 달천과 합류하여 경기도로 들어간 다음, 양평군 양서면 양수리에서 다시 북한강과 합류한다.

  마종기 시인의 「우화의 강」이나, 도종환 시인의 「멀리 가는 물」은 주로 강물을 의인화하여 사람의 마음이나 행동을 빗대어 쓴 글이다. 그처럼 저자는 강물을 통해 인간상의 파노라마를 희망적으로 표현했다.
  "남한강은/ 푸른 침묵을 한다/ 한생을 걸어온 사람처럼/강물은 말없이 흘러가지만/ 수많은 것을 받아들였기에/ 그 침묵은 비어 있지 않다" '침묵은 금이고 웅변은 은이다' 라는 격언이 있다. 영국의 비평가 토머스 칼라일의 논집에서 알려진 말이다. 남한강의 푸른 침묵은 한생을 묵묵히 걸어온 늘 푸르게 살아가는 올곧은 사람으로 보면 맞겠다.

  수많은 사람의 의견과 대화를 나누고 조율하며 포용하는 인간성을 빗대보면 좋을 것이다.

  "내 오래된 기억은/ 곡선으로 건너가는 강물이다/ 젖으면서 지우고/ 젖으면서 흐르고/ 젖은 계절은 다시 피어났고" 성격이나 품성이 유연한 이가 있고, 대쪽처럼 원칙을 지키고 타협하지 않는 강직한 성격이 있다. '인간은 사회적 동물'이다. 라는 고대 그리스 철학자인 아리스토텔레스의 말이 떠오른다. 우리는 타인과의 관계 속에서 성장 발전하며 공동체로서 친목 협동을 중요시하는 것이다. 유연한 곡선의 물길 되어 젖으면서 흐르고 지우고 피어나는 촉촉한 사회상을 논한 것이다. 화합 협동 사랑으로 하나 되어 간다. 어깨동무하고 탁한 물도 맑게 정화시키며 푸른 꿈을 안고 너른 바다로 향한다. 인간사 사회상도 그러하다.

  "남한강은 양평으로 흐른다"를 나름대로 빗대보면 남쪽인 대한민국의 세상은 햇볕 기름지고 강물은 촉촉하고 넉넉하고 평화로운 윤슬 되어 오대양 육대주로 흐른다라고 보면 좋겠다. 그만큼 저자의 시상은 마종기의 강물처럼 물길을 항상 맑게 고집하는 사람과 친하고 싶고, 도종환의 탁한 물이라도 맑게 정화시켜 함께 멀리 가는 강물처럼이다.

    고독한 사람도
    꽃이 될 수 있다네
    거룩한 사랑을 위하여
    마지막 시간을 기록한다네
    그 사랑에 찔려 한 송이 장미가 될 수 있다네
    손가락에 장미 향기 콕 찍어서
    릴케의 시집을 넘겨 가면
    장미 숲에 도착한다네
    장미의 입술로 사랑의 언어를 꺾으시니
    화병에 향기로운 시어를 총총히 꽂아 줘야겠네
    그가 쓴 묘비명에 장미가 피었다네

    [장미여, 오 순수한 모순이여, 기쁨이여,
    그리도 많은 눈꺼풀 아래에서
    누구의 잠도 아닌 잠이여] --라이너 마리아 릴케--
    꽃잎처럼 가시처럼
    장미가 오월을 걷는다
    릴케를 찾아가나 보다

    -「라이너 마리아 릴케」전문

"[장미여, 오 순수한 모순이여, 기쁨이여, 그 많은 눈꺼풀 아래에서 그 누구의 잠도 아닌 잠이여] 라이너 마리아 릴케"(1875. 12.~1926. 12) 아롱의 교회 묘지에 안장된 묘지명이다. 릴케의 본명은 '르네 카롤 빌헬름 요한 요제프 마리아'로 릴케가 태어난 자정 무렵이 예수 탄생 무렵과 같음을 기억한 어머니가 성모마리아의 은총이라고 여겨 이름을 마리아로 지었다고 한다.

인간 존재의 의미를 깊이 탐구하며 유럽 문학사에 깊은 영향을 끼친 독일어권 시인인 릴케는 1875년 오스트리아-헝가리 제국에 속한 프라하에서 태어났다. 1894년 첫 시집 『인생과 노래』를 출간한 이후 『가신봉제』(1895) 『꿈의 왕관을 쓰고』(1896), 『강림절』(1897), 수많은 명저를 상재했다. 무엇보다도 릴케 문학의 정점은 『두이노의 비가』(1923), 『오르페우스에게 바치는 소네트』(1923)이다. "내가 이렇게 소리친들 천사의 계열 중 대체 그 누가/ 내 목소리를 들어줄까? 한 천사가 느닷없이/ 나를 가슴에 끌어안으면, 나보다 강한 그의/ 존재로 말미암아 나. 스러지고 말텐데, 아름다움이란/ 우리가 간신히 견디어 내는 무서움의 시작일 뿐이므로"(김재혁 역)라고 시작되는 첫 구절을 읽으면서 우리는 비장한 목소리의 검푸른 파도 속에 휩싸이는 전율을 맛보게 된다. 1897년 베네치아에 체류하면서 일생에 걸쳐 깊은 영향을 받은 연인 루 안드레아스 살로메를 처음 만나 그의 권유로 '르네'라는 본명을 '라이너'라고 독일식 이름으로 바꾸었다.

릴케는 1923년 백혈병을 앓게 된다. 흔히 릴케가 장미 가시에 찔려 패혈증으로 죽게 되었다고 하는데 사실일까. 장미 가시에 찔린 일화가 있다. 1926년 9월 릴케의 여행을 도와줄 이집트 여인 니메트 엘루이가 찾아왔을 때 그녀를 위해 장미 몇 송이를 따 주다가 장미 가시에 찔려 손가락을 다친 것이다. 백혈병 때문에 상처가 쉬 아물지 않았다. 그로 인해 피가 멎지 않아 죽었다는 설이 있으나 정확한 문헌엔 기록이 없다.

1926년 12월 29일 릴케는 51세의 나이로 세상을 떠났다. 원인은 백혈병이었다.

다양한 그의 문학의 궤적을 살펴보면, 사물과 새로운 관계를 만드는데 '바라보기'가 릴케의 미학적 성찰에서 중요한 역할을 하게 된 것이다. 특히 〈신시집〉의 이른바 '사물시'는 대상을 응시하는 시인의 감각적 관찰이 오롯이 하나의 우주를 만들어 내고 있음을 확인시켜 준다. 〈네이버 백과 부분 발췌〉

"고독한 사람도/ 꽃이 될 수 있다네/ 거룩한 사랑을 위하여/ 마지막 시간을 기록한다네/ 그 사랑에 찔려 한 송이 장미가 될 수 있다네/

손가락에 장미 향기 콕 찍어서/ 릴케의 시집을 넘겨

가면/ 장미 숲에 도착한다네/ 장미의 입술로 사랑의 언어를 꺾으시니/ 화병에 향기로운 시어를 총총히 꽂아 줘야겠네" 장미꽃을 좋아하고 은은한 그 향에 취한다. 매혹적인 생김새와 그 꽃에서 발산하는 은은한 향기, 그리고 줄기마다 강한 가시가 있다. 어느 누가 그 꽃과 향기에 취하지 않은 사람 있을까. 내면적으로는 그렇게 화사하고 정겨움이 가득하여 즐기고 좋아했던 시인, 그러나 결국 장미가시에 찔려 상처가 아물지 않았던 릴케, 무릇 인간사도 그러하리라. 속내에 도사리고 있는 가시도 있으니. 저자는 장미 향에 취해 있는 릴케를 반기고 품는다. 화병에 릴케의 시 향기가 솔솔 풍겨 나온다.

"그가 쓴 묘비명에 장미가 피었다네" "꽃잎처럼 가시처럼/ 장미가 오월을 걷는다/ 릴케를 찾아가나 보다"

릴케와 관련 있는 민족시인 윤동주(1917. 12. 30.~1945. 2. 16.)의 일화를 살펴본다. 윤동주 시인의 유고집 『하늘과 바람과 별과 시』 대표작 '별 헤는 밤'에 하늘에 별이 된 시인 '프랑시스 잠' '라이너 마리아 릴케' 하늘 우러러 시성들을 불러보는 대목이 나온다. 윤동주는 프랑스의 시인 '프랑시스 잠'과 독일어권 시인 '라이너 마리아 릴케'의 작품을 탐독했음이 입증된다. 시풍이나 율격이 흡사해 본받았음이 느껴진다.

국내에서는 정지용 시인의 작품을 스승과 같이 여겼다. 동주는 일본 유학 시절에 5년 연배인 천재 시인 백석을 만나고자 했으나 만나지 못했다. 결국 일본국립도서관에서 백석시집 『사슴』이라는 시집을 도서관에서 빌려 즉석에서 전체를 필사해 왔다는 내용도 있다. 국문학에서 '백석'과 '윤동주'의 시집에 '프랑시스 잠'과 '라이너 마리아 릴케'를 동일하게 다루는 것을 볼 때 윤동주는 백석 시집 영향을 받았을 것이라 믿는다.

이러한 면면을 볼 때 꽃과 꽃말을 많이 다루는 류일화 시인은 장미와 관련 있는 릴케를 숭모하고 소중한 시 제목으로 다루었음을 알게 된다.

목련에서 시작된
봄볕을 마중한다
하룻밤 사이에
앞산 중턱까지 숨 가쁘게 올라가
진달래 꽃망울을 품고 있었다

바람은 나뭇가지에 앉아
마지막 남은 겨울의 껍질을 벗긴다
짧은 봄날을 위해
바쁘게 준비하는 손길은
아침부터 저녁

한밤중 달빛으로 이어진다

어찌 감동하지 않으리
어찌 눈물 나지 않으리
파릇한 새잎을 보고
꽃잎을 보니 눈물이 나올까 봐
바람이 벗어 놓은 신발을 신고 봄을 걷는다

- 「울컥」

    울컥, 감동이다. 겨우내 눈보라 잘 이겨 냈다. 너른 들녘 논밭의 땅속 서릿발로 뿌리를 들뜨게 하던 것도 수그러들었다. 펜촉 같은 푸른 촉들이 반가워 일제히 거뜬하게 일어선다. 반가운 눈물이 글썽, 봄맞이한다. 아지랑이 기지개 켜고, 곱사춤 추며 하늘로 오른다. 종다리 노래에 봄눈이 튼다. 온 산야 탄소동화작용이 시작된다.

    "목련에서 시작된/ 봄볕을 마중한다/ 하룻밤 사이에/ 앞산 중턱까지 숨 가쁘게 올라가/ 진달래 꽃망울을 품고 있었다" 담장이나 앞마당, 야트막한 동산이나 공원에 봄 햇살이 목련의 하얀 저고리 옷고름을 풀고 있다. 너무 서두르다 멍이 든 자목련이 봄의 전령사답게 봄소식을 알린다. 연방 일하다 구부러진 할머니 허리 같은 앞산 중

턱에 진달래가 우르르 모여 꽃불을 지피고 있다.

"바람은 나뭇가지에 앉아/ 마지막 남은 겨울의 껍질을 벗긴다/ 짧은 봄날을 위해/ 바쁘게 준비하는 손길은/ 한밤중 달빛으로 이어진다"

봄바람은 나뭇가지마다 각지 낀 겨울의 때를 벗겨 낸다. 짧은 석 달 봄날이 아쉬워 보름달이 손톱달로 번갈아 변할 때까지 부지런하다.

"어찌 감동하지 않으리/ 어찌 눈물 나지 않으리/ 파릇한 새잎을 보고/ 꽃잎을 보니 눈물이 나올까 봐/ 바람이 벗어 놓은 신발을 신고 봄을 걷는다" 저렇게 탄소동화작용으로 온 산야가 콩다콩 딸카당 방아 찧는다. 어찌 감동의 눈물이 나지 않으리. 산모퉁이 진달래 군락에서 부채질하다 쉬고 있던 분홍바람이 비단 신발을 신고 마실을 한다. 걷는 걸음걸음마다 파릇한 새잎과 꽃눈이 피어난다. 저자는 한 마디로 감동의 도가니에 젖은 표현을 함축된 축약으로 '울컥' 제목으로 썼다. 이처럼 봄맞이 감각의 표현을 서정적으로 불러일으키는 저자의 섬세함이 올곧게 녹아 있다.

송이송이
채송화 곱게 핀 장독대

꽃잎처럼

동그랗게 앉은 우리 엄마

학교 길 재촉하던 그 목소리 들려와요

내 마음은

여덟 살 아이가 되어

추억 따라 엄마 품속으로 뛰어가죠

장독대 앞에서

다정히 웃던 그 얼굴

엄마가 갓 지어 준 꽃밥을 먹어요

빙그레 바라보시던 눈길

그립고 보고 싶은 내 엄마

채송화 꽃잎 위에 적은 그 이름

엄마 엄마 엄마 사랑합니다

- 「채송화」 전문

   수분이 많아 두툼하게 살이 오른 돌나물잎, 채송화잎은 잎 서로 어긋나고 육질이며 원기둥 모양이다. 여름에서 가을에 걸쳐 자주, 노랑, 분홍, 흰색의 꽃이 뒤섞여 피어난다. 키는 땅으로 번지듯 퍼져 나간다. 키는 주로 20센티 미만이다. 한여름 대낮이면 키 큰 해바라기 등은 고개를 떨어뜨리고 지쳐 있기도 한다. 이러한 때, 채송화는 한낮에도 잎은 반질반질 윤이 나 반짝이고 다양한 색깔로 피어난다. 주로 담장 밑이나 장독대 옆에 심어 놓는다.

땡볕에도 시들지 않는 것은 육질에 원기둥 형태의 잎새이기 때문이다. "송이송이/ 채송화 곱게 핀 장독대/ 꽃잎처럼/ 동그랗게 앉은 우리 엄마/ 학교 길 재촉하던 그 목소리 들려와요" 무리 지어 있는 채송화를 보면 마치 유치원 아이들이 소꿉놀이하는 모습과 같다. 쪼그리고 앉아 활짝 웃는 모습은 각자 다른 색색의 이름표를 달고 어머니도 그 옆에 앉아서 바느질하는 것과 같다.

"내 마음은/ 여덟 살 아이가 되어/ 추억 따라 엄마 품속으로 뛰어가죠/ 장독대 앞에서/ 다정히 웃던 그 얼굴/ 엄마가 갓 지어 준 꽃밥을 먹어요" 채송화 속에는 유년 시절이 녹아 있다. 햇볕 잘 드는 곳에 장독대가 있고, 장독대 속에는 장, 된장 등 전통 우리 고유의 발효 음식 재료가 고운 햇살에 익어 가고 있다. 우리의 어머니들이 소중히 다루고 보물처럼 간직한다. 유년의 향수가 송글송글 솟아나 햇살에 빛난다. 장독대를 지키는 채송화가 마냥 웃으며 추억을 불러일으키고 있다. 못 견디게 그리운 엄마의 다정한 손길이 자신이 그 나이가 되고 보니 새삼 그리워진다. 꽃밥이 지어지고 있는 모습을 추억의 실마리 속에서 풀려나오는 유년 시절의 정겨운 모습을 저자는 채송화를 통해 메타포로 그려지고 있다.

>마주 볼수록
>눈부신 통증은
>몸속에 갇혀 긴 시간을 기다린다
>
>한 줄기 바람
>꽃샘추위 몰고 와
>꽃망울의 심장을 만지작거린다
>
>두툼해진 꽃송이 행간을
>향기로 읽어 가는 두근거림
>송이마다 봄 햇살로 통통하다
>
>바람의 어깨 위로
>붉게 앉은 고운 자태
>화사한 치맛자락 봄 가지에 날린다
>
>- 「홍매화가 피려나」 전문

매화 중에는 홍매화, 흰매화, 분홍매화가 있다. 각자의 꽃말 중 홍매화는 강인한 정신과 희망, 그리고 용기라고 한다. 백매화는 순결, 깨끗한 사랑, 겸손이란다. 분홍매화 꽃말은 우정과 따뜻한 마음, 그리고 애정이라고 하니 모두가 색상이나 향기에서 일컬어지는 것이다.

흔히 홍매화를 봄의 전령사라고 한다. 봄을 가장 먼저 알리는 꽃으로 여겨지고 있다. 바로 참고 견뎌 낸 겨울을 인동이라 치고 가장 먼저 개화하는 꽃이니 그렇게 일컬어지는 것이다. 특히 개화 직전의 꽃망울은 선혈이 뚝뚝 떨어질 것 같은 붉음이 가히 일품이다. 그러한 것을 적절하게 녹여 낸 저자의 작품이다.

"마주 볼수록/ 눈부신 통증은/ 몸속에 갇혀 긴 시간을 기다린다" 저 몽우리가 티울 때까지는 뼈저리게 눈부신 통증이 있었으며 몸속에 갇혀서 긴 시간을 참고 기다렸을 것이다. 모든 사물이나 사람도 그런 인고 속에서 이루어지는 것이라는 것을 저자는 은근히 내포하고 있다.

"한 줄기 바람/ 꽃샘추위 몰고 와/ 꽃망울의 심장을 만지작거린다" 아직 추위가 가시지 않은 꽃샘추위를 모셔온 홍매화, 마치 얼음 냉탕에 들락날락 훈련하는 군인들처럼 냉수마찰을 하는 것과 같다. 이는 앞으로 어떤 기후 변화나 벌레들의 침범에도 거뜬함을 위해 자신의

콩닥대는 심장을 담금질하는 것이 아닐까.

"두툼해진 꽃송이 행간을/ 향기로 읽어 가는 두근거림/ 송이마다 봄 햇살로 통통하다" 결국 사춘기 소년 여드름 돋아나듯 두툼해진 꽃송이 사이사이, 그리고 향기로 읽어 가는 콩닥콩닥 심장 박동 소리, 달디단 봄햇살로 살쪄 통통해진다. 곧 개화가 시작되리라.

"바람의 어깨 위로/ 붉게 앉은 고운 자태/ 화사한 치맛자락 봄 가지에 날린다" 금빛 비단결 바람의 은은한 어깨 위로, 가부좌하듯 고운 자태, 봄 가지는 화사한 비단 치맛자락에 봄바람은 신나는 왈츠를 춘다.

    책을 쌓는다
    문자를 꺼내서 또 쌓는다
    돌을 얹고
    흙을 바르고
    언어의 돌담을 튼튼하게 쌓는다
    긴긴 돌담을 따라
    기억의 언어를 줍고
    꽃잎의 언어를 마주 보면
    풀빛에 흔들려 반짝이는 작은 언어들
    바람결에 깨어난 리듬

자연의 아름다운 모든 몸짓
진줏빛 언어를 디자인하다

봄 햇살 가득한 길모퉁이
엄마 손 잡고 나들이 가는 아가를 만났다
귀여운 입 모양에서 아장아장 걸어 나오는
첫 언어를 받아 가슴에 안는다

- 「진줏빛 언어를 디자인하다」

  저자의 꽃처럼 피어난 글발은 바로 진줏빛 언어를 디자인한다.
  다양한 언어로 디자인하며 읽고 새겨 머리와 가슴에 담는다. 이제 저자의 가슴서랍에 진줏빛 언어로 디자인된 꽃편지가 가득 할 것이다. 그리고 보여 달라고 하면 바른 언어로 디자인할 마음 맑은 사람에게 오픈할 것이다.

  "책을 쌓는다/ 문자를 꺼내서 또 쌓는다/ 돌을 얹고/ 흙을 바르고/ 언어의 돌담을 튼튼하게 쌓는다" 진줏빛 언어로 디자인해야만 책을 쌓을 수 있다. 맑고 바른 사유의 문자여야만 착착 쌓게 되는 것이다. 돌처럼 강직하고 황토처럼 유연하여야 한다. 언어의 돌담이 튼실하도록 다지는 것이다.

"긴긴 돌담을 따라/ 기억의 언어를 줍고/ 꽃잎의 언어를 마주 보면/ 풀빛에 흔들려 반짝이는 작은 언어들/ 바람결에 깨어난 리듬/ 자연의 아름다운 모든 몸짓/ 진줏빛 언어를 디자인하다"

당나라 시성 가도의 시 鳥宿池邊樹 僧推月下門 퇴고推敲처럼 쌓아 보고 허물고, 또 쌓아 보고를 거듭해야 한다. 저자의 시가 그렇게 사유되어 이루어 낸 것이다. 진줏빛 언어로 디자인하기 위해서는 자연의 아름다운 모든 몸짓을 소중히 다루어져야 한다.

'꽃'의 시인으로 유명한 김춘수의 시는 첫 시집 『꽃인 듯 눈물인 듯』에 담겨 있는 '꽃'의 대목에서 "내가 그의 이름을 불러주기 전에는 그는 다만 하나의 몸짓에 지나지 않았다." 물론 의미 있는 존재라는 추상적인 개념(행운이나 사랑, 희망 등)을 꽃이라는 구체적인 사물로 표현한 것이다. 김춘수의 첫 시집 중 '꽃'의 끝 부문 '하나의 의미가 되고 싶다'가 제2시집에서는 '하나의 눈짓이 되고 싶다' 로 다시 퇴고하여 출간했다.

그만큼 시는 깊은 사유 속에서 퇴고와 퇴고를 거듭해 내놓기도 하는 것이다. 그렇게 저자의 바람결에 깨어난 리듬. 자연의 아름다운 모든 몸짓이 진줏빛 언어로 디자인되기까지가 그렇게 다듬어진 것이다.

"봄 햇살 가득한 길모퉁이/ 엄마 손 잡고 나들이 가는 아가를 만났다/ 귀여운 입 모양에서 아장아장 걸어 나오는/ 첫 언어를 받아 가슴에 안는다" 내적으로나 외적으로 봄 햇살이 가득함은 새롭고 처녀작 같은 제4집의 글샘이 탄생된다. 저자의 머리와 가슴에서 솟아난다. 심정적으로 봄나들이하려 아장아장 걸어 나오는 첫 언어의 글발을 받는다. 그리고 가슴서랍에 고이 간직해 둔다.

바람에 흔들리는
연둣빛 종소리에서
동글동글 감꽃이 피어난다
친구들이 웃을 때마다
까르르 떨어지는 감꽃
두 손이 노랗게 될 때까지 주웠다

저녁 햇살이 지나가면서
손바닥 안에 꽃 그림자를 쥐여 줄 때
아무도 모르게
자꾸만 달아나는 조그만 추억들
감꽃 속에 숨겨 놓고 여기까지 왔다

돌담 너머
주홍빛으로 익어 가는

말랑한 노을이
감나무 가지마다 주렁주렁 열린다

- 「감꽃이 피어난다」 전문

  감꽃의 개화 시기는 남부지방은 5월 중순부터, 중부지방에서는 5월 하순부터 피어나기 시작한다. 봄물이 점점 진하게 번질 때쯤이면, 모든 자연의 사물이 싱그럽게 변하며 아름답게 느껴진다.
  "바람에 흔들리는/ 연둣빛 종소리에서/ 동글동글 감꽃이 피어난다/ 친구들이 웃을 때마다/ 까르르 떨어지는 감꽃/ 두 손이 노랗게 될 때까지 주웠다" 봄바람이 살랑살랑 훌라춤을 추면 사찰 대웅전 풍경 소리, 종소리에서 춘곤증에 들던 감꽃이 배시시 피어난다. 친구들이 간지럼 태우며 키득거릴 때마다, 감꽃은 까르르 떨어진다. 노란 감꽃이 두 손에 가득 물들 때까지 주워 입에 넣어 오물오물한다. 입 안이 화하고 노래지며 달짝지근하게 감돈다.
  유아일 때 엄마의 달콤한 젖 같다.

  "저녁 햇살이 지나가면서/ 손바닥 안에 꽃 그림자를 쥐여 줄 때/ 아무도 모르게/ 자꾸만 달아나는 조그만 추억들/ 감꽃 속에 숨겨 놓고 여기까지 왔다" 해님이 서

산마루에 걸터앉아 노을치마 펼치고 감싼다. 아무도 모르게 자꾸만 달아나려는 추억들, 감꽃 속에 숨기고 여기까지 왔다.

"돌담 너머/ 주홍빛으로 익어 가는/ 말랑한 노을이/ 감나무 가지마다 주렁주렁 열린다" 돌담은 정겨운 시골의 전형적인 담이다. 사이사이 민들레가 자리 잡고 노랗게 하얗게 파안대소하며 벌 나비 유혹한다.

주홍 너울이 하루에 한 번씩 주렁주렁 열린 감나무 가지마다 물들이고 있다. 토실토실 푸르름이 머지않아 주홍빛으로 녹아들 때까지 탄소동화작용은 여전하다.

에필로그

류일화 시인은 이름 자체가 꽃물로 물들어 있다. 제1시집에서부터 제4집에 이르기까지 꽃으로 승화시킨 작품들로 가득하다. 화려하고 튼실한 큰 꽃보다는 작은 들꽃을 시 향기에 접목시켰다. 이는 저자가 화려함보다는 은은한 꽃 어쩌면 관심에 멀어지는 무관심의 꽃들을 찾아내고 살펴 향기 나게 한다. 모든 사물도 누가 살피고 다듬느냐에 따라 달라진다. 양지보다는 음지를 살피는 것이 더 진솔하게 느껴진다.

괜찮다고 하는 시야말로 모두에게 주는 기쁨은 미학적 체험과 관련된 것이다. 좋은 시는 우리가 체험하지 않은 것이 아니라 예전에 경험했으나 흐릿해진 것, 아예 잊은 것을 새롭게 일깨우고 쇄신시킨다. 다시 우리의 육체적 감각의 일부로 되돌려 주고, 퇴색한 정신의 윤기를 신선하고 생생하게 만드는 것이다.

시에서 의인화나 은유로 빗댄 흔한 관념을 깨고 낯선 인지의 대상으로 꾸미는 가장 보편화된 방법이 아닐까. 아르헨티나 시인 보르헤스도 미, 지성, 형이상학, 윤리 도덕 따위를 우의와 상징으로 대담하게 통합하여 환상적으로 표현하였다.

류일화 시인의 상상 세계는 작고 가련한 것들을 향한 측은지심이 배어 있음을 알 수 있다. 서정성의 부드럽고 세련됨으로 꽃과 대화한다. 자아와 꽃들과 내밀한 속삭임이 가슴에 와닿아 누구에게나 편안하고 부드럽게 해 주는 맛깔스러운 향기의 특질이 있다.

그의 시 향기에 함께 취하고 음미해 보기를 권하며 가름한다.